イケズな東京

150年の良い遺産《レガシー》、ダメな遺産《レガシー》

井上章一
国際日本文化研究センター所長

青木 淳
建築家・京都市美術館館長

751
中公新書ラクレ

目次

まえがき――「京都ぎらい」と東侍　青木 淳　9

1章［論考1］

「東京ばなれ」を疑う　井上章一　17

企業人は「城」を捨てられない

ポスト・コロナのオフィス・ビル

天守閣と城下町

ブルジョワ革命の建築史

日本で花ひらいた自由もある

2章［対談1］

愛される建築、愛されない建築

五輪と万博のレガシーをめぐって

井上章一×青木 淳

京都に「都落ち」
「都」は今でも京都？
ベースボールとデモクラシー
オリンピックは万博の余興だった
1964年東京オリンピックが遺したもの
レガシーになる建築、ならない建築
北京の「鳥の巣」は廃墟になる⁉
原爆ドームに価値を与えた丹下健三の炯眼《けいがん》
建築家の性《さが》

3章　［リレー・エッセイ］

東西まちまち
建築史家と建築家がコロナ禍中で考えたこと　井上章一×青木 淳　81

1　京都の河原　おおらかな「広場」（井上）　83
2　映画に思う「水の都」　艀の時代（青木）　87
3　路上の食事　控えめな日本（井上）　91
4　愛の往来　裏木戸の存在（青木）　95
5　禁欲の春　パチンコ好きの行列（井上）　99
6　うねる大通り　東京のリアル（青木）　103
7　気ままな街並み　日本の不思議（井上）　107
8　建物の外観　だれのもの？（青木）　111
9　感染症の恐怖　神だのみの心（井上）　115
10　災害の光景　日頃から想像する（青木）　119

11 失われた桂離宮の原風景（井上） 123
12 文化交差の渋谷「谷底」の特性（青木） 127
13 脱レジ袋とマスク廃棄の皮肉（井上） 131
14 代々木公園 景の無限パズル（青木） 135

4章［論考2］さまざまな声が響き合う空間を

コロナ禍とダニッシュ・モダン 青木 淳 139
可能性の宝庫としての大戦間
陰翳と集い
ルイジアナ近代美術館に見る「チューニングの一貫性」
なぜルイジアナ近代美術館に人は集まるのか
ブロックバスター展が生まれる背景

コロナ禍の代々木公園で何が起きたのか
さまざまな声が響き合う公共空間を

5章 ［対談2］ 井上章一×青木 淳 169

「建築文化を大事にしない国」ゆえの希望

ブロックバスター展の曲がり角
模型づくりという日本文化
丹下、磯崎から円谷プロ、ゴジラまで
「雑談」の価値をわかってくれない
オンライン時代に大学の授業はどうあるべきか
可能性としての「引きこもり」
空間設計はどこまで人のふるまいに影響を与えるか

ヨーロッパの施主は貴族、日本は下町の商店主
ローマを守るために降伏したイタリア。対して日本は……
建築文化を大事にしない国、だからこその可能性
コラム 築60年の建物に価値はない？　井上章一　209
あとがき――建築家の世界から遠く離れて　井上章一　213

まえがき——「京都ぎらい」と東侍

青木 淳

井上章一さんは1955年、私は1956年の生まれ。歳が近い。同じく、建築学科を出ている。でも、お会いしたことはなかった。今回はじめて新聞紙面で、往復書簡のようなコラムを連載(本書の3章)することになっただけでなく、直にお話しする機会も得た(対談は本書の2章と5章)。正直、大変、緊張した。というのも、同世代にこんなすごい人がいるのか、とこれまで私はずっと、氏を遠くから見上げてきたからである。

私が磯崎《いそざき》新《あらた》さんの設計工房でまだ修業をしていた1986年に、井上さんはもう、『つくられた桂離宮神話』(弘文堂。1997年に講談社学術文庫)という決定的な本を出されている。30歳になったかならないかという時点で、建築史の定説を覆す業績をあげられたのである。秀才の誉れの高い同世代の人が西にいる。そうどこかで意識しつつ、私が自分の設計工房をつくって、建築家としてのスタートラインになんとか立つことができたのが1991年。ようやく、成果が上がりはじめたかなと思えるようになった2002年、井上さんは『パンツが見える。——羞恥心の現代史』（朝日選書。2018年に新潮文庫）を出版された。読んで驚いた。建築の世界をさっそうと駆け抜け、もっと広い世界に飛び出してしまった。もう後ろ姿しか見えない。そう思った。

私たちのチームが京都市美術館のリニューアル設計者に選ばれ、京都通いが始まった2015年には、『京都ぎらい』（朝日新書。新書大賞2016第1位）を出された。行き帰りの新幹線で読んだ。こんなに憎まれ口をきいても、どこかに愛嬌というか、愛が感じられるその語り口に、なんたる芸、と感嘆した。翻って、東侍の無粋を恥じた。

2019年春、京都市美術館の再生工事がそろそろ終盤を迎えた頃、その美術館の館長になってほしいと頼まれた。ずっと設計しかしてきていない。ごく小さな設計工房しか運営したこともない。設計者が館長になるというのは、施主の希望を叶える立場の人間が施主になるようなものではないか。異例ずくめの依頼だったが、説得され、就任することになった。以来、東京と京都の間を行き来するだけでなく、京都の生活、文化に、それまでよりはちょっとだけだが、近しく触れるようになった。
美術館で、井上さんが所長を務める国際日本文化研究センターのシンポジウムが開催されることもある。私も参加を要請された。あいにく都合が合わずお断りをしたのが、リニューアル・オープン間際の2020年の初春のこと。ところが時を同じくして、それとはまったく別のルートから、井上さんと交互にコラムを連載しないか、という話がやって来た（本書の3章）。それで観念した。洒脱の極みの井上さんに、言葉を打ち返すことなどできるわけがない。しかもお題は「東京、京都などのまちかどから都市や文化を考える」で、設計実務ばかりをやってきた私には難しすぎる。それでもお受けしたのは、もう逃げ続けることはできない、この際、井上さんの胸を借りて、東京のこと、京都のこと、あるいは日本のこと、西洋のことに思いを巡らせてみよう、と開き直ったのである。好きな場所、また行きたい街や国ならある。そんなところに読者を誘《いざな》うことができればそれだけでもいいか、と逃げの計算もしてのことでもあった。

ところが連載が始まろうかとしているまさにそのとき、新型コロナ感染が急拡大して、在宅勤務が要請され、Stay Homeという標語が飛び交うようになった。移動を促す書き方は避けなければならない。それで予定を変えて、映画に出てくる昔の東京の風景について書いた。これなら誰も現地に行くことはできない。むしろ巣ごもりへの誘いになるのではと考えた。その後も、文学のなかの東京など、人々を外に誘い出すことがないよう、題材を注意深く選んだ。そんなときでも、井上さんはときに婉曲にだが、答えにくい難問を繰り出してくる。さて、なんて答えます？　と、まだ実際にはお会いしたことのない、想像のなかの井上さんが悪戯《いたずら》っぽく微笑んでくる。そんな刺激もそろそろ快感になってきた2020年9月、連載が終了した。コロナ禍はまだ続いていた。

年が改まって2021年。まだコロナ禍が続いていた。生活はいつのまにか、ずいぶんと変わっていた。人生の大半を過ごしてきた東京での暮らし方も、通う京都の街の姿も一変していた。これは一過性の変化なのか、それともその後につながる変化なのか、どうしたって考えざるをえない。そんななか、コロナ以降よく足を運ぶことになった代々木公園に、ある日突然、バリケードが築かれた。お花見で人が集まらないように、ということらしい。公園に今までなかった人々の過ごし方が生まれつつあったけれど、それではしかたない。しばらく待った。しかし桜のシーズンが過ぎても、バリケードは取り除かれない。

そのうち、バリケードで入れなくなる領域が一挙に拡大した。真新しい作業車が数多く集まってきた。大量の仮設トイレが置かれた。オリンピックのパブリック・ビューイング会場の設営だった。人流抑制を要請している当局みずから人を集めようとする。さすがにそれには反対意見が噴出したから、パブリック・ビューイングは取りやめとなって、ワクチン接種センターとして使われることになった。とはいえ対象となるのは「築地ワクチン接種センターで1回目接種を受けた方のうち、警察・消防関係者及び東京2020大会関係者等」と限られている。渋谷駅周辺に設置された若者ワクチン接種センターが大行列の日、代々木公園に寄ってみれば閑散としていて、目立つのはガードマンばかり。公園の大半がバリケードで入れず、公園にくつろぎに来た人々は、隅に追いやられ、密になっていた。生まれつつあった、三々五々、さまざまなグループとなって、あちこちに集まって時間を過ごすという公園の愉しみは、そう、駆逐されたのだった。

そうこうしているときに、井上さんとの対話の続きをしませんか、という話がやって来た。対談も企画したい、という話だった。なんとなく中途半端に終わってしまっていた対話ではあった。ありがたいお話だったけれど、それに乗るには、私は怒りすぎていた。少し冷静にならなければ無理と、待っていただいた。だから対談が実現したのは、オリパラが終わって2日経った、2021年9月7日のことである。コロナが、それまで以上に、世を席巻していた。

そして予想どおり、井上さんはのっけから、やっぱり都は東京と思っているでしょう、と悪戯っぽい微笑みを湛え、迫っていらっしゃったのだった。

2021年11月

イケズな東京

１５０年の良い遺産《レガシー》、ダメな遺産《レガシー》

1章

［論考1］

「東京ばなれ」を疑う

企業人は「城」を捨てられない

井上章一

ポスト・コロナのオフィス・ビル

出勤をひかえ、家で仕事をする機会がふえている。オフィス・ワークのなかには、自宅でできるものがある。このごろは、パソコンの普及がその割合を大きくした。会社の会議も、いわゆるオンラインでもよおされるようになっている。

この傾向をあとおししたのは、新型コロナとよばれるウイルスである。人びとは感染の可能性におびえ、たがいの接触をひかえるようになりだした。政府や自治体も、あまり家から外へでるなと、しばしばうながしている。在宅でのつとめがふえたのも、そのためである。

じっさいには、顔をつきあわせて検討しなければならない案件も、けっこうある。すべてをステイ・ホームでこなすというわけには、いきにくい。電車にのって職場へいく日数が、いくらかへりはした。しかし、以前ほどではないけれども、あいかわらず通勤をつづけている。このあたりが、サラリーマンにとっての平均的な現状であろう。

ただ、企業によっては、ほぼ全面的にリモート化へふみきったところもあると聞く。職種によっては、それも可能になるということか。そのふんぎりがつけば、会社は通勤手当のコストをはぶけるようになる。経費の点では、ずいぶんたすかろう。

いや、それだけではない。出勤をなくせば、オフィスを家賃の高い都会においておく必要性もなくなる。たとえば、東京の都心にあるビルなどが、執務の場としては用済みになってしまう。じじつ、そういう施設を手ばなし、地方へ拠点をうつした会社もあるらしい。感染症は、われわれにたいへんな困難をしいている。しかし、そのいっぽうで、経費削減の便法をおしえてくれもした。都心の宏壮なオフィス・ビルは、もういらない。本拠は、もっと小さくしてしまおう。地方の田園地帯においたってかまわない、と。

そして、この発見は感染がおさえこまれた後も、有効でありつづける。コロナにおびえることがなくなっても、コスト・カットの手段として残存する。

今後は、さまざまな企業の大都市ばなれがすすむだろう。東京などの超高層オフィスは、おそかれはやかれ無用の長物となっていく。都心のビル街は廃墟めいた様相を呈しだす……。

とまあ、以上のような未来図を想いうかべる人も、なかにはおられよう。自分で書いておきながらなんだが、しかし私は懐疑的である。今のべた筋途《すじみち》とはちがう可能性を考える。少なからぬ会社は、今後も都心にあるオフィス・ビルを、たもつだろう。空部屋は少々ふえても、のこしておくような気がする。

経済性だけを重んじれば、都心の高層オフィスにこだわっても、意味はない。リモート・ワークが可能になった今、温存させておく値打ちはちぢまろう。

だが、オフィスは、なんのためにかまえられるのか。収支勘定の儲けを最大化することばかりが、建築にもとめられているわけではない。うちは都心の一等地に、これだけの仕事場をもうけている。どうだ、すごいだろうと見栄をはるためにも、それらはある。あるいは、ビルのりっぱさで、投資家たちを安心させる宣伝媒体としても。

そこには、企業人の城めいた含みも、ないわけではない。オフィス・ビルは、彼らの、ちょっとした天守閣にもなっている。不経済だという理由だけでは、見はなすまい。

自社ビルをたてたばかりの企業人は、しばしばこうぼやく。設計をさせた建築家には、だまされた。すっかり、あそばれてしまったよ。このロビーや階段を見てほしい。こんなおごそかな空間、うちにはいらないだろう。まあ、会社案内のパンフレットなんかには、ここの写真をつかうんだけどね……。

こういう物言いに、だまされてはいけない。なるほど、表むきは愚痴をこぼしているように聞こえる。だが、そこには、逆説的な自慢もある。うちは自社ビルで、これだけの無駄使い、ぜいたくができるんだ。ひそかに、彼らはそう鼻をふくらませてもいるのである。

リモート・ワークがひろがれば、大都市のオフィス・ビルはいらなくなる。たしかに、経済効率だけを考えれば、そのとおりである。しかし、この議論は経済人たちの虚栄心を計算にいれていない。事態は、かならずしもコストを導きの糸とする方向に、すすまないだろう。私はそう考える。

東京のオフィスをひきはらい、拠点を農山村へうつす。さきほどものべたが、そういう会社はあるかもしれない。だが、その多くはIT産業とかかわるところであろう。東京をはなれて田舎へひっこんでも、仕事はできる。そうアピールをすることじたいが、宣伝になる。つまりは、オンラインのネットワークを売りこむ会社に、かたよりそうな気がする。

天守閣と城下町

日本の城郭が天守閣をかまえだしたのは、16世紀のなかごろからである。物見の櫓《やぐら》が発達したのか、それとも金閣のような楼閣が大きくなっていったのか。見方はいろいろある。いずれにせよ、織田信長のころからそれは天下人の象徴めいた建築になった。

戦国末期以後、各地の領国をたばねる大名も、天守閣をもうけだす。自分がその地で君臨することを、領民にも明示するためである。自己顕示の建築として、全国の大名がこれをとりいれた。

ただ、17世紀のなかばごろには、もうつくられなくなっている。ひとつには、幕府が一国一城というきまりをもうけ、新しい築城を禁じたためである。より本質的には、領国経営の安定化、あるいは官僚化という趨勢《すうせい》があげられよう。

支配が定着すれば、大名家は建築などで見栄をはらなくてもすむようになる。各領国でととのいだした手続きにしたがえば、統治はことたりる。天守閣をかがやかせて、領民から畏怖や敬意を勝ちとる必要はなくなった。私としては、こちらのほうを天守閣の新築がとだえた、より決定的な要因だと考えたい。

江戸時代の城郭は、しばしば火事に見まわれた。天守閣も、よく焼けおちている。しかし、焼失した天守閣は、当時ほとんど再建されていない。たてなおしても、維持管理にコストがかかるだけ。実用的な意味はない。そうみなされ、すておかれた。明暦の大火でうしなわれた江戸城の天守閣も、同じ運命をたどっている。

さきほど、現代の宏壮なオフィスをかつての天守閣になぞらえた。そして、江戸期の天守閣は、17世紀のなかば以後たてられなくなっている。ならば、現代のオフィス・ビルだって、いずれは建設のとだえる時期がくる。リモート・ワークの全面的な普及は、遠からずそういうビルをいらなくさせるだろう。そう思われた人も、あるいはおられようか。

しかし、江戸期の大名領国では、一大名家の安定的な支配が継続した。わざわざ、天守閣を新しくいとなまなくてもよくなったのは、そのせいである。いっぽう、現代のビジネス世界には、つぎからつぎへと新参者がはいってくる。一国一城の主《あるじ》をねらう野心家は、後をたたない。新しいオフィス・ビルの需要は、なかなかなくならないと考える。

江戸期の建築史事情で、あとひとつ語っておきたいことがある。身分ごとにちがう、いわゆる家作制限である。とりわけ、商家の建物をめぐる規則のことは、くわしく説明をしておこう。

江戸をはじめとする城下町では、商人たちの居住区が、あらかじめきめられていた。その区画内にあつまってすむことが、義務づけられている。のみならず、家屋の形状も一定の枠におさえこまれていた。その制限からはみだす造りは、ゆるされない。

商家は、2階までとされていた。それより高くすることは禁じられている。しかも、街路へ面した2階を居住空間にすることは、みとめられていなかった。許可をされたのは、物置としてロフトのようにつかう途だけである。

理由ははっきりしている。商人ふぜいが、高いところからお武家様を見おろしてはならない。そういう身の程をわきまえない視線の可能性は、あらかじめ封じこめておく必要がある。この身分的な隔てを重んじる秩序意識が、商家の形を左右したのである。

幕府も大名家も、しばしば大商人から金を借りた。経済的な面で、彼らに頭の上がらぬところが、なかったわけではない。にもかかわらず、商人たちのすまいや店が高層化することは、抑圧した。金銭的な融通におうじてくれる商家にたいしても、うけいれなかったのである。たとえ、それが三井や住友のような豪商であったとしても。

今、市中できわだつ超高層ビルは、その大半が民業の拠点、会社のオフィスになっている。マンションである場合も、ないではない。

国権の象徴とも言うべき国会議事堂は、より低くかまえられている。ややいかめしい最高裁判所も、高さでは超高層ビルにおよばない。もちろん、旧江戸城、今の皇居も、建物の高さではビル群においぬかれている。現代は国権の中枢より、ブルジョワのほうが宏壮な建物をたてる時代なのである。

江戸時代の武士たちは、今日のこういう光景に、とうていなじめまい。街の金貸しどもが、おのれの分際もわきまえず、とほうもない建築をいとなんでいる。商人ごときが、お上以上にえらそうな施設で、ふんぞりかえっている。これは、いったいどういうことだ。こんな無秩序をゆるしてもいいのか、と。

今の都市景観は、ブルジョワの覇権が確立したことを物語る。かつては、1階半ほどの家屋しか、たてることをみとめてもらえなかった。そんな商人、ブルジョワたちが、数十階におよぶ建物をつかっている。江戸期の天守閣にあたる建築をたてているのは、ブルジョワたちなのである。

大名領国などの天守閣は、城下町のなかでも、ひときわめだっていた。一国一城制のせいで、ほかにならびたつ建築が見あたらない。天守閣は、それひとつだけで、屹立《きつりつ》していたのである。

いっぽう、現代の天守閣である超高層ビルは、一都市に複数建設されている。東京や大阪あたりへいけば、ならびたっているエリアもある。江戸期とくらべれば、現代の支配層は市中に分散配置されていると、見てとれる。あるいは、それらのむらがる光景が、現代的な権勢のあり方を象徴しているのだろうか。

江戸期と今日の違いを、建設資材の差で考える人も、いっぽうにはいるかもしれない。江戸の商家は低層におさえられていた。それは、木造という素材にしばられていたからだろう。

現代の超高層ビルは、かんたんに100メートルをこえる高さで、たてられる。鉄筋コンクリートで建設されるせいである。

建物が巨大化された原因は、建設材料の変化にある。身分の低かった商人が、大ブルジョワになりおおせたためではない。私の説明を、以上のように否定してかかる人もいるだろう。

しかし、木造でも5階建、7階建の建物は、つくることができた。じじつ、江戸時代の天守閣は、木と漆喰でできている。また、明治維新で家作制限がなくなった街では、高層の木造施設がいとなまれだした。江戸期の商家が低層を余儀なくされたのは、木造のせいだけではない。身分の限界も、彼らを強く拘束したのである。

ブルジョワ革命の建築史

明治維新で幕府がきめた家作制限は消滅したと、今書いた。そのことがもたらした新しい事態に、目をむけたい。

かつての商家、商店は3階建以上の建築をたてることが、ゆるされていなかった。だが、この規則は幕府の瓦解で無効になる。新しい時代へいどもうとする事業家たちは、それまで

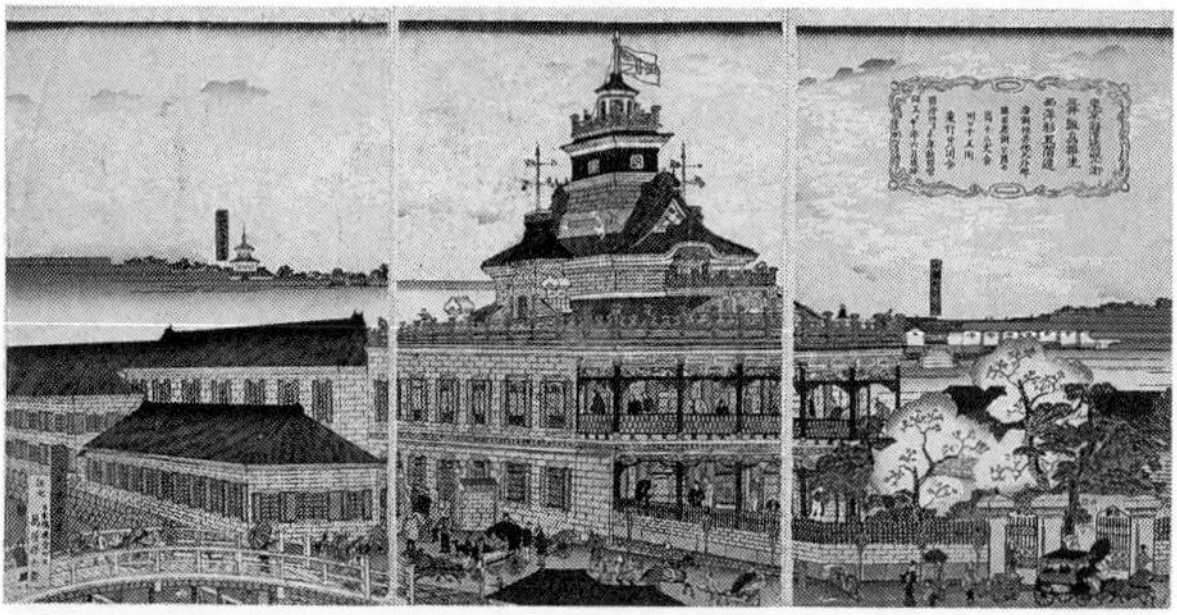

海運橋三井組ハウス　日本銀行貨幣博物館所蔵

より背の高い建物をたてだした。たとえば、三井は東京の兜町《かぶとちょう》に5階建の施設、海運橋三井組ハウスをもうけている。そこで三井御用所、三井組為替座とよばれた銀行を運営した（明治5〔1872〕年）。

その姿は写真や錦絵などで、今日にもつたえられている（図参照）。見れば、1階から2階までは、よくある西洋建築の形になっている。新時代のバンクをつくろうとしたことが、よくわかる。

だが、3階から5階までの様子は、まったくちがう。そこには、天守閣をまねたとしか思えない塔屋が、おかれていた。天守閣をいただくかのような銀行が、当時の兜町に、とつぜんあらわれたのである。

5層におよぶ商業施設など、旧幕時代にはありえない。天守閣を模した金融業の建築も、建設の伺いをだすことさえ、ゆるされなかったろう。万が一、申請をしてしまえば、無礼者として処罰をされかねない。それだけのですぎた振る舞いだったのである。

そして、維新後の三井は、その分際をわきまえない挑戦にうってでた。のみならず、これを新政府にみとめさせてもいる。商人が、旧時代の領主ででもあるかのような建築を、たててしまう。その増長ぶりを、うけいれさせたのである。

幕末の争乱は、討幕軍の江戸占拠で、おおむね決着がついた。江戸城の明け渡しで、のちの新政府側が勝利をつかみとったことは、よく知られる。

しかし、幕末の討幕軍は江戸まで軍勢をおくりこむ戦費を、なかなかあつめきれなかった。その軍資金を調達したのは、大阪を中心とする上方の大商人たちである。なかでも、幕府を見かぎった三井のファンディングは、圧倒的であった。三井のよびかけにおうじた豪商たちの資金提供で、討幕軍は江戸までいけたのである。

三井が幕府を見すて、朝廷側へ肩入れをしなければ、あの政変はありえない。その意味で、三井をはじめとする商人たちがはたした役割は、たいへん大きかった。古風な言い方だが、私は明治維新を彼らにになわれたブルジョワ革命だと、思っている。

その中心的な役目をはたした三井が、兜町に、新しいバンクを設立した。天守閣がのっかった金融の拠点を、もうけている。まるで、自分たちが新しい大名になったかのような施設を、たてたのである。そこには、三井のプライドも見てとれると考えるが、どうだろう。

いや、ことは三井だけにかぎらない。明治初期には、天守閣の形をとりいれた金融施設が、いくつもたてられた。東京為替会社や蠣殻町《かきがらちょう》米商会所などである。旧時代の領主になりかわったような姿を、しばしばブルジョワたちは建築で見せつけた。やはり、そこには新時代の主役を自負する者たちの心意気も、読みとるべきだろう。

時代が下れば、彼らも西洋の本格的な建築様式を知るようになっていく。天守閣がつぎたされた折衷的な造形を、はずかしいものとしてうけとめだす。彼らのいとなむ建築からも、天守閣を模した塔屋は姿をけした。しかし、経済人たちの近代化へむかう初心に天守閣があったことは、あなどれない。

私は現代の超高層ビルを企業人の天守閣になぞらえつつ、話をすすめてきた。この見立ては、今のべた歴史的経緯への概観によっても、みちびきだされている。維新後のブルジョワたちは、天下へのりだしたような気になっていた。自分たちが天守閣をふりかざす側になったと、どこかでは思っていたのである。

フランス革命の前後に、こういう建築史上の変化はない。かつて、禁じられた形が、第三身分の市民にときはなたれたりはしなかった。そういう身分制上の変動が、建築にうかがえるような現象は、おこっていない。この点は、イギリスのピューリタン革命や名誉革命も、同じである。

だが、明治維新はちがう。かつては武士からいやしめられた商人が、はっきり建築でも我をはるようになった。その推移は、建築史のなかに読みとれる。建築の移り変わりを見るかぎり、大きな変化がうかがえるのは日本の明治維新である。英仏の革命ではない。

かつて、桑原武夫《くわばらたけお》はフランス革命と明治維新をくらべ、後者の急進性を力説した。「身分制の廃止という点については、日本のほうがはるかに徹底している」、と（「明治革命と日本の近代」『中央公論』1974年2月号）。

当時の歴史学界は、明治維新をにえきらない政変として、とらえやすかった。革命としては、不徹底なそれとみなすのが、通り相場になっていたと思う。そのため、桑原の発言も、あまりうやまわれはしなかった。鼻であしらうような学界人も、いたような気がする。

私としては、建築史をながめわたし、桑原のほうに理があったと言うしかない。

日本で花ひらいた自由もある

東京海上日動ビルディング本館（写真参照）は、丸の内にたっている。そのすぐ西側は、和田倉濠、皇居のいわゆる御堀端となる。皇居外苑と、じかにむきあうビルである。

完成したのは、昭和49（1974）年であった。超高層ビルのひとつだが、建設例としては早い。普及しはじめる、その初期に位置するオフィスである。

当初は、地上30階で高さは130メートルほどになる予定であった。だが、この計画は関係当局との折衝をへて、規模の縮小をしいられる。けっきょく、ビルの背丈は30メートルばかりけずられた。100メートルにはおよばない25階建のビルとして、竣工《しゅんこう》されている。

天皇のすまいである皇居を、上からのぞきこむようにも見えたビルである。当時は、その不敬ぶりがきらわれ、計画の変更をせまられたのだろうと、噂もされた。ただ、宮内庁が背を低くしろと要請した形跡はない。民族派の諸団体も、そのようないちゃもんをつけてはいなかったという。のみならず、当時は不敬罪という罪そのものがなくなっていた。

誰も規模をちぢめろとは、命令していない。だが、当局との下交渉をつづけるなかで、けっきょくはそうなっていく。100メートル未満という現在の状態におちついた。この結末も、目に見えぬ菊筋への忖度《そんたく》として、さわがれたことをおぼえている。

建築の超高層化は、まだはじまってまもないころであった。計画変更という決定は、新しい建設技術への抑圧としても、話題になっている。法律家のなかにも、自由への侵害として問題にした者はいた。私じしん、皇居のまわりには得体の知れない禁忌があるのだなと、感じたものである。

前川國男「東京海上日動ビルディング本館」　©イメージマート

その2年後に、しかし私は考えをあらためた。建築の勉強で、1ヵ月半ほどヨーロッパの都市を見てまわり、反省するにいたっている。まだ、21歳の学生でしかなかったが、それなりにまなぶことは多かった。

あちらの古くからつづく都市では、旧市街に超高層ビルなど、まず見かけない。それらは、あったとしても、たいてい新市街にもうけられている。かつての城壁でかこまれたエリアのなかでは、建設がゆるされていない。

パリが、セーヌ川ぞいに超高層のビル建設をみとめることは、今でも少ないだろう。ロンドンのリージェント通りでも、事情はかわらない。

多くの都市では、建築の外観がきびしく規制されていた。建築意匠をめぐる強い許認可の権限が、街の建築委員会にはあたえられている。そして、どの委員会も、歴史的に形成された伝統的な表現を良しとした。建築家の新しい造形を歓迎するところは、ほとんどなかったのである。

ただし、最近はこの規制が、やや弱まりだしている。パリでも、セーヌ川ぞいの15区には超高層ビルがあらわれた。おくればせながら、あちらにも変化のきざしはある。

それでも、都市建築の外観は、都市の公共性に奉仕するものだと、むこうではされている。建築家の仕事は、強い制限をうけてきた。表現の自由をないがしろにする度合いでは、日本の都市をはるかに凌駕する。くらべれば、東京や大阪は何をやってもよいところだと、そう考えざるをえなくなる。

皇居脇に100メートルをこすビルのたつことが、なるほど日本でもうとんじられた。宮城をとりまく隠然とした力は、戦後の日本でも作動したのかもしれない。しかし、くだんのビルはいくばくかの縮小をうけいれ、建設にこぎつけることができている。さらに、今はあのあたりが超高層の林立する区画となった。

ルーブル宮殿やバッキンガム宮殿に面したところでは、そもそもありえない。また、そういう場所で超高層をゆるさぬ建築委員会も、非難をされはしないだろう。あちらの人たちは、建築家の自由をみとめないことに、違和感をいだかない。建築家は公共的な価値にしたがうものだと、たいていの人が思っている。

私たちは、西欧を近代的な自由がはぐくまれた場所として、教わった。日本へも後発的に自由の観念はとどいたが、まだそだちきっていない。日本の自由にはゆがんだところ、おくれた面があると、聞かされてきた。

しかし、こと建築に関するかぎり、日本のほうがより高い自由を保障している。防火や耐震の安全面には、当局もそうとううるさく口をはさんでくる。だが、デザインに関しては建築家や地権者の裁量を、大きくみとめてきた。江戸幕府や諸大名家は、表現の自由などをゆるさなかったのに。

今回、感染症の流行にさいし、ヨーロッパの国々は、しばしばロックダウンへふみきった。

市民の私権を制限する方向へ、舵をきっている。いっぽう、日本は今にいたるまで、そこへはのりだせていない。私権への規制を最小限にとどめたいという想いは、日本のほうが強そうである。

このことが、建築表現の自由度とかかわるのかどうかは、わからない。しかし、日本だから花ひらいた自由というものも、どうやらありそうである。検討してみる値打ちもあると考えるが、どうだろう。

2章

［対談1］

愛される建築、愛されない建築

五輪と万博のレガシーをめぐって

井上章一×青木 淳

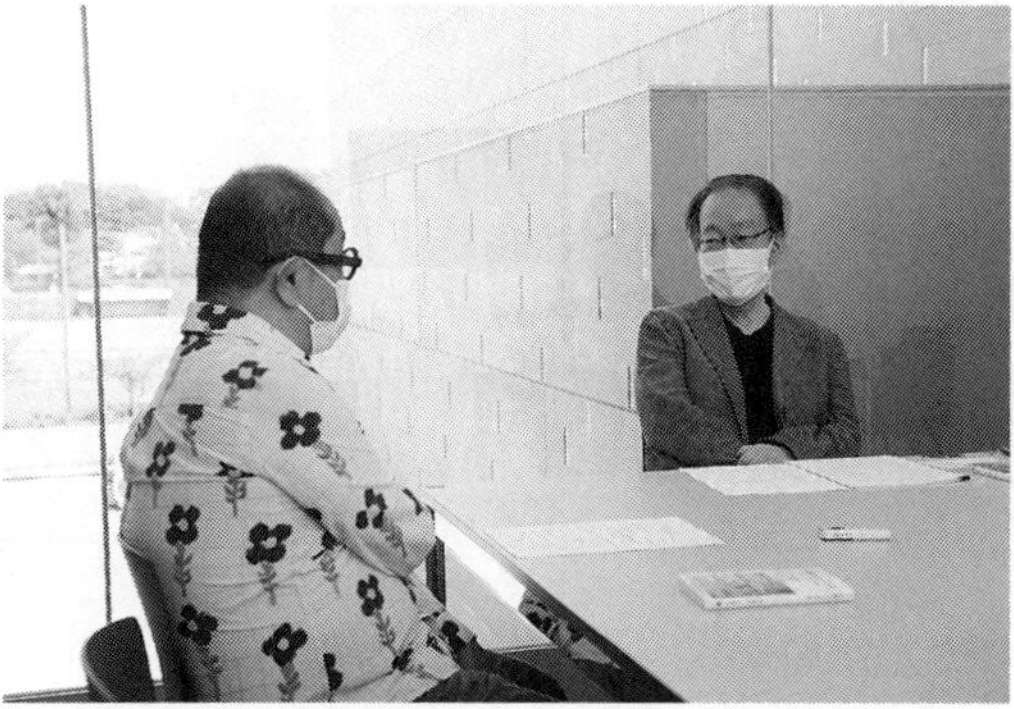

対談中の井上氏（右）と青木氏　©中森健作

京都に「都落ち」

――今日の会場は京都市美術館（通称、京都市京セラ美術館）ですが、井上さんは青木さんが建築家としてリニューアルに携わった後に、いらっしゃったことがありましたか。

井上 リニューアルの前も後も拝見しています。工事中もです。

青木 ありがとうございます。

井上 工事中は入れませんから、前を通っただけですが。

――さて、1章では井上さんが、コロナ禍を機に進んだといわれる「東京ばなれ」について考察なさいました。三密（密集・密接・密閉）になりがちな首都・東京を避けて、大企業が本社機能を地方へ移転させたというニュースや、地方へ移住してリモート・ワークを始めた人々が大きく報じられています。積年の課題だった一極集中や地方創生が皮肉なかたちで実現しつつあるようにも見えます。しかしながら1章では、事はそんなに単純じゃないということが示唆されたと思います。

続くこの2章では対談によって東京論を深掘りしていきたいと思いますが、建築史家で

『京都ぎらい』のベストセラーのある井上さんに対し、建築家の青木さんは東京に事務所を構えながら東京藝術大学でも教壇に立ち、同時に京都市美術館館長も務めておられます。東京と京都、建築と都市をめぐるご対談を宜しくお願い申し上げます。

井上　私が建築の勉強らしいものをしていたのは、1980年代までなんですよ。昭和の建築史をてがけていました。それ以降の現代建築は全然状況がわからないので、申し訳ありません。あまり話はできないので、お手柔らかにお願いします。

青木　いいえ、とんでもないです。

井上　1章で私は、企業の人たちはせっかくつくった「お城」をなかなか手放せないんじゃないか、というようなことを書きました。それ以外に思いつくことをお話しします。

文化庁が京都へ来ることになっているんですよ（2022年度中に本格移転予定）。でも、文化庁の職員は移転に相当抵抗したんです。京都側は、主な文化財は近畿地方にあるから、こちらで業務に当たったほうがいいと言い続けました。だけど文化庁側は、いや、明治以降、多くの国宝・重要文化財は東京に集まっている。近畿に残っているのは建築物ぐらいだ。文化財管理には、東京で従事したほうがいい、と。また、文化庁には文化財行政の他にも、芸術イベントやら著作権やらにかかわるいろいろな業務がある。その点でも東京からは移転しないほうがいいんだと言っていたわけです。

議論じたいは、京都に移る途《みち》と東京にとどまるそれとを比べた場合、どちらがより合理的なのかという形で進みました。でも、私はそのとき、東京側の意向に感じたんですよ。「〝都落ち〟は絶対にしたくない」という文化庁職員の強い意思をね。

彼らにも同情の余地はあると思います。中小企業庁などのさまざまな小さい省庁は、安倍政権が掲げた地方創生路線によって、地方都市へ分散させようという方針の候補になりましたよね。それにもかかわらず、ほとんどの省庁は東京に踏みとどまることができた。文化庁にしてみれば、何で自分たちだけが〝田舎〟へ飛ばされなければならないんだ、と貧乏くじを引かされたような思いを抱いていることでしょう。

青木 文化庁の移転よりも前に、消費者庁の徳島市移転構想がありましたが、2019年に見送られました。霞が関の皆さんは東京から離れたくなかったようですね（その後の2020年、中央省庁移転の第一弾となる同庁「新未来創造戦略本部」が徳島市に開設）。そのような中、文化庁は抵抗できなかったのか、京都移転が決まった。そのいきさつは私も聞いていて、井上さんがおっしゃるように、安倍政権時代に首都圏機能の地方分散をどこかしらが実現しないと困る、という政治的な背景があったのですよね。

井上　そういう様子を拝見すると、霞が関（中央省庁）に就職をしたような人は東京から離れたくないんだろうなということをしみじみ感じます。もちろん、地方回りの機会はあるんですが、最終的な双六《すごろく》の上がりは、どの省庁も東京です。ですが、文化庁だけは、その上がりが京都という〝田舎〟になってしまう。このことが、いやがられたんだと思います。コロナ禍にリモート・ワークがどれだけ普及しても、あの人たちは〝都落ち〟をしたくないのです。首都・東京は物価が高いので、国家公務員のサラリーも優遇されます。田舎に行くとサラリーが下がる、そんな事情もあるのかな。京都は5級地ですから、1級地の首都東京とくらべ、地域手当は1割ほどへってしまいます。

もう一つ言わせてください。東京の一流企業や、霞が関にお勤めの方は、息子・娘を慶應幼稚舎のような名門校へ入学させていらっしゃるでしょうね。皆が、とは言いません。でも、その傾向はあると思います。転勤で〝田舎〟の学校に転校させたくないという強い思いもあるのではないかということです。一極集中はなかなか終わらないんだろうなあと思ったのは、こうした考えが背景にあります。いかがでしょうか。

青木　文化庁を置く場所は、文化財が多いところではなくて、もっとその文化が注目されるようになるべき場所でこそ、本来的には意味があるのではないか。そのように私は思っていましたから、移転するなら、たとえば東北方向への移転だと良いなあと思っていました。それはさておき、井上さんは「都落ち」という古い言葉を出されました。でも今でも東京の人は首都は東京だけれど、「都は京都」と思っています。だから、文化庁の人たちの中にも「京都だったらいいかな」と思った人が多いのではないかという気がしますけれども。

井上 私はね、逆なんです。おっしゃるように、京都は比較的イメージが悪くない場所だと思います。たとえば、NHKで東京本社採用された皆さんは、ほぼ例外なく地方局回りをなさるんですね。その際、やっぱり第一希望を京都支局にする人は多いと聞きます。

青木 でしょうね。

井上 その京都に対してさえ、文化庁は移転をいやがったのです。他の都市なら推して知るべしでしょう。京都府下にできた国立国会図書館の関西館も、当初は〝左遷コース〟のように言われていました。職員の方々はみんな、京都行きを押しつけ合っていたと聞きます。まるで大宰府に流された菅原道真《すがわらのみちざね》ですね。大宰府の権帥《ごんのそち》というのは、道真にあたえられた役職ですが、そう悪いポストでもないんです。そのぐらいで文句を言うなと言いたいところだけど、道真は怨霊になった。そのうち霞が関に文化庁が怨霊となって現れるようになるのではないか。(笑)

ただ、私には、文化庁を偉いと思っているところもあります。安倍政権のときに官邸主導で、いろいろな中央省庁が総理のご機嫌を伺うように、這いつくばるような振る舞いをしていたという話を聞きます。でも、文化庁は堂々と政権に抵抗していたんですね。政権のすすめる地方創生に、自分たちはのりたくない、と。まあ、文化庁は、安倍政権の取り巻きに入れてもらえなかっただけかもしれませんが。

青木　(笑)

井上　中央政府にもまさか、外務省や財務省を地方へ移転させようという思いはなかったでしょう。差し障りのないものを地方へ飛ばそうとして、結局、最終的に選ばれたのが文化庁。そういう傷としこりを残したまま、文化庁はこちらに来られるのでしょうね。

青木　どうなのかなあ。建築家の丹下健三《たんげけんぞう》(1913~2005年)は善かれ悪しかれ、「都心」の代わりに「都市軸」という概念を提案しました。1等となった戦時中の設計競技「大東亜建設記念営造計画」では、東京と富士山を一直線に道路でつないでいます。それが明確な都市軸という概念になったのは「東京計画1960」ですね。都心とは、同心円、放射状に広がる都市における中心のことですから、都市が大きくなればなるほど、都心から遠い場所が増えてくる。それでは都市の成長が止まってしまうから、中心を点ではなく線にする。

線なら、どこまでも延ばすことができる。だから、成長は止まらない。それで東京湾に向かって、道路を延ばし、それをもって無限に成長可能な都市の中心、都市軸としました。その構想はある程度、広島で実現していますが、東京の計画はあまりに壮大すぎて、実現しないで終わったことになっています。

しかし私は、この構想は新幹線という別の形で実現したのではないか、と思うんです。新幹線ができたのは1964年の東京オリンピックのときですが、あの頃でも東京—大阪の所要時間は確か3時間10分程度。今はもっと早いですね。今朝、私は東京から京都へやって来たわけですけれども、2時間10分くらいだから、東京の中でモタモタしている時間で、京都まで来れてしまう。

井上 そういえば、そうですね。

青木 そういう意味では、丹下健三の「都市軸」構想は、思いがけないかたちで成立しちゃっているように見えるんです。新幹線で高速に移動ができることによって、都心像はもう点ではなく線的なものに変わってきたのかなという気がしています。

おそらく文化庁の移転も、全部の業務を京都で行うのはかなり無理があって、東京—京都間を往復する必要があるでしょう。他省庁とのネゴシエーションとか、東京でしかできないいろいろな業務があることでしょうから。

井上　なるほど。おっしゃる趣旨は、拠点さえ東京に残していればOKということですか。

青木　いや、拠点は東京でも、京都でも、どちらでもよくなっているんじゃないでしょうか。むしろ新幹線が拠点というか「拠線」になっている。今の新幹線って、パソコンで仕事している人だらけで、動くオフィスみたいな感じです。自分一人の仕事は新幹線のなかでして、東京なり、京都に着いたら、人と会って、そこでないとできないことをして、また移動しているように見えます。

「都」は今でも京都？

井上　京都という地名の「京」も「都」も、「みやこ」と読めます。京都は「みやこの中のみやこ」という意味になります。先ほど、東京の方々も、京都が本来の都《みやこ》、あるいは京《みやこ》なんだというイメージを残しているんじゃないかと、おっしゃいました。この「都」、そして「京」という文字にこだわってみたい。東京に田無《たなし》、そして保谷《ほうや》という市がありましたよね。今世紀のはじめに、合併して西東京市をこしらえたじゃないですか。「西東京」って……東京を本来の意味通り、東側の京《みやこ》だと受け止めている人が多いのなら、西の東の京はおかしいだろうと、自然に考えられるはずですよね。ウエスタン・イースト・キャピタルはありえない、って。

青木 そうですね。（笑）

井上 でも、「西東京」という名前が市民にあまり違和感を持たれず、また行政の了解も得たという経緯を見ると、もう東京を「東の京」だと思っている人はほとんどいらっしゃらない。

青木 ええ、いないと思います。でも、「京」という言葉が天子の住む場所を指す「みやこ」の意味であることを意識することもないことはない。たとえば、「帰京」とか「上京」という言葉を使うときにふと意識します。京都の人に、「今、帰京しているところです」とメールで書いた場合、その人は私が東京に向かっているのか、京都に向かっているところなのか、一瞬、判断できないだろうな、と感じるんです。そのとき、そう言えば、東京はもと「東の都」という意味だったんだと思い出します。

井上 西東京市のみならず、甲子園へ出る高校野球の代表校も、「西東京」代表と「東東京」代表。東東京なんて、ますます変ですよ。マージャンみたいな字面じゃないですか。

青木 トントンケイ。（笑）

井上　あれを違和感なく受け止めていらっしゃるんだから、東京は東の「京」だという本来の意味を失ったんだと考えます。もう「東京」で完成した一つの言葉になっているんじゃないかな。イースタン・キャピタルではない、Tokyo あるいは Tokio だ、と。

青木　ですね。北京とか南京とかと同じで、単なる地名として使っている。だから東京人の感覚からすれば、「都」という漢字を「と」と発音すれば東京都、「みやこ」と発音すれば京都のことです。東京都の都も、「みやこ」の意味としてではなく「首都」の略としかとらえていない。それが証拠に、私のコンピュータは「みやこ」と打って変換すると最初に「京都」と出ます。次は「京」で、その次は「宮古」、その次は「美也子」です。（笑）

井上　早稲田大学は、校歌で「都《みやこ》の西北」をうたいあげています。東京音頭も、「花の都《みやこ》のまんなかで……」となっていますよね。でも、そういう例をあげるのはやめましょう。おっしゃるように、このごろは「都」という言葉の意味が、だんだん忘れられていっているんでしょうね。

青木　ですね。

井上　実を言うと、京都にはウルトラ京都主義者も、まだ残っています。「遷都の勅令はまだ出ていないから、都は今でも京都だ」と言うような、愚かな人たちがいらっしゃるんですよ。私はそういう人たちを、にがにがしく思っているんですが。

青木 この京都市美術館のリニューアル設計をすることになったのは、コンペで選ばれたからなのですが、設計を始めるにあたっていろいろ挨拶まわりをしたとき、先方の方が、まず「天皇が東のほうにちょっと行かれたきりまだお帰りになっていませんが」から話を始められたときは、一瞬、意味がわかりませんでした。

井上 他の街で暮らす人にとっては、衝撃でしかないですよね。「アホ違うか」と私は思います。彼らの言い分は、せんじつめれば〝離婚届〟へまだ判は押していないというところにあります。長岡京遷都、平安京遷都のときは、その手続きをきちんと行った。でも、東京へうつる正式の調印は、まだすんでいないという一点ですね。ごぞんじでしょうか。関東大震災のときに東京は焼け崩れたので、天皇も東京を脱出するという噂が流れたんです。そのときに、天皇の署名もそえた文書、つまり詔書が出たんですよ。帝都は移動させない、このまま、みんな安心しろという公的な布告がなされました。帝都は東京だと、このとき言いきったんですね。

青木 そうなんですか。

井上 〝離婚届〟に調印はしていないのに、いつの間にか離婚は成立していたということです。事実婚でおしきったのかな。それに、そもそも今の天皇は勅令なんか出せる立場にないですし。勅令がまだ出ていない、なんていうのはずるい言い分だと思います。

青木　私などは正直、天皇は東京にいらっしゃるよりも、京都にお帰りになったほうがいいと思うほうなんですけれども。

井上　それは、皇居のそばあたりで自動車の検問が煩わしいとか、ああいう余計なものは東京から外してほしいという……。

青木　というのではなく、天皇は都《みやこ》にいるものだと思うからですけれど。でも、帰られると皇居はあっと言う間に、儲けようとする人たちの餌食となって開発されてしまうはずなので、帰らないでいただきたいという気持ちもあります。東京の真ん中に、それこそロラン・バルトの『表徴の帝国』じゃないけど、あんなに広大な空白があるというのはすばらしいことです。中心には入ることができない水と緑がある。中心としてあるべきところが虚空になっている。これはすごいことです。

井上　そうですよね。前川國男《まえかわくにお》（1905～86年）さんの東京海上日動ビルディング（丸の内に初めて建てられた超高層ビル、33頁の写真参照）でしたっけ、皇居を見下ろすのはよろしくないんじゃないか、という規制の声が、ささやかれました。超高層ビルの時代をむかえ、当時は旧来の高さ制限がとりはずされていたんですね。でも、皇居脇のビルには暗々裡の規制がはたらき、高さはおさえこまれたんですよ。皇室への配慮がはたらいた時代は、ありました。けれども、今やあの辺りは超高層ビル街です。天皇ご一家がどこかに移られたからといって、急に不動産開発の波が押し寄せるとも思いにくいんですが。と言うか、もうとっくに押し寄せているんじゃないかな。

ベースボールとデモクラシー

青木　不動産開発といえば、1964年の東京オリンピックの会場となった神宮外苑に開発の波が押し寄せています。2020年の東京オリンピック開催に向けた神宮外苑地区における国立競技場の建て替えを機に、同地区一帯の再整備を目的として、「東京都市計画神宮外苑地区地区計画」が策定されました。

都市計画を大きく変更するときには審議会が開かれ、その審議会の議事録がちゃんと公開されるんです。新国立競技場がザハ・ハディド（Zaha Hadid、1950〜2016年。イラク出身の建築家）の案（次頁の図参照）に決まった直後、なんだか怪しいなあ、とネットで東京都の都市審議会の議事録を覗いてみたら、国立競技場の敷地だけでなく、その周辺一体の高さ制限が大幅に解除されていました。なるほどそのために、オリンピックという大義名分のもと、国立競技場を建て替えようとしているのだと思いました。

外苑は明治天皇の崩御にともなってつくられたものです。だからそれを守ろうとして、風致地区（自然美を維持・保存するために、建築や樹木の伐採に制限がかけられてきたエリア）という制度がつくられ、1926年にその第一号に指定されたわけです。天皇ゆかりの空間でも、不動産開発の圧力から逃れられません。

井上　戦前の神宮球場を、プロ野球の選手は使うことができなかったんです。当時はプロ野球

新国立競技場国際コンペ最優秀案に選ばれたザハ・ハディドの作品
出所：「新国立競技場基本構想国際デザイン競技報告書」

選手の地位が低かった。まだ職業野球とか、商売人野球と言っていた時代ですしね。野球を商売とするような卑しい者どもに、明治天皇の祀られる神社の境内は使わせないということですね。

青木 そうなんですか。

井上 そういう観念は、もうすっかり薄れていると思いますけれども。

青木 明治神宮といえば、皆、原宿にある内苑をイメージします。でも内苑があるわけだから外苑もあるわけで、その明治神宮外苑境内にある野球場が神宮球場というわけですね。

井上 神宮球場を本拠地にすると、1965年に当時の国鉄スワローズが言いだしました。今のヤクルト・スワローズですね。神宮当局も、それをみとめると表明しました。これにたいして、国会のスポーツ議員連盟の人たちが、反対します。たしか、文部大臣も不快感をあらわにしていたんじゃないかな。神宮をプロに売りわたすべきじゃない、と。まあ、けっきょく、スワローズと神宮当局はこうした抵抗をおしきるわけですが。

青木 六大学野球はいいけれど、プロ野球はダメだ、と。

井上 そもそも、神宮球場は学生野球を念頭において開設されたところです。大学野球は認めていたんです。でも、職業野球は見下されていました。たとえていえば、学生が遊びでマージャンをする分には、おおらかに受け入れるんだけど、プロの雀士はダメだと。あるいは学生がパチンコをときどきエンジョイするのはいいけど、パチンコで生計を立てるパチプロはまかりならない、と。そういう思いがプロ野球に対してあったわけです。

青木　さすがのたとえです（笑）。そんなプロ野球が大きな曲がり角を迎えたのは、戦争に負けたことがきっかけなんでしょうか。

井上　それはあると思います。神宮球場をプロ野球にときはなったのは、アメリカの占領政策ですよ。メジャー・リーグの国から来た進駐軍は、職業野球を卑しいと思っていなかったので。

青木　敗戦後の日本では、「民主主義」と「文化」という言葉が流行しました。野球は民主主義的だったんでしょうか？

井上　戦後、比較的まとまった土地があるけれども何をつくろうかというとき、野球場にしようと後押しをしたのが、進駐軍だったたというケースはあったと思います。彼らはベースボールを通じてデモクラシーを広めようとしていた。野球が本質的にデモクラティックだったと、言いたいわけじゃありません。デモクラシーの先進地帯であるアメリカの流儀を、つたえようということだったんでしょうね。

青木 「文化」のほうも、高尚な文化ではなく、庶民が日頃楽しんでいるものという方向にだいぶ振れていたわけだから、そちらの流れも後押ししたでしょうね。
ところで東京の上野公園と、ここ京都市美術館のある岡崎（京都市左京区）は、どちらも内国勧業博覧会がつくりだしたエリアという共通項がありますが（上野は1877年の第1回、岡崎は1895年の第4回の内国勧業博覧会の会場）、どちらにもミュージアム、動物園があって、野球場があります。

井上 そういわれれば、そこにちっちゃな野球場がありますね。

青木 岡崎グラウンドですね。東京の上野には正岡子規記念球場があります。なぜ野球場なのですか。

井上 私は岡崎公園の野球場についてよく知りません。最初にあったのは平安神宮、後から文教施設ができて、野球場はかなり後からじゃないでしょうか。

青木 京都市美術館が大礼記念京都美術館として創建したのは1933年ですが、その頃の写真を見ると、人がいっぱいいる広場になっていて、その一角で野球をプレーしています。戦前から、庶民のスポーツの代表は野球だったのでしょうか。

井上 アマチュアの野球は、明治時代からありますね。プロも戦前にできるのですが、こちらが国民的な娯楽になるのは戦後だと思います。

オリンピックは万博の余興だった

——2020東京オリンピックに関連する話題が出ました。かねてからの商業主義批判や、今回のコロナ禍で開催の賛否が大きく割れたこともあって、世間のオリンピック・パラリンピックへの支持は揺らいでいるように見えます。また、2025年には大阪万博が開催される予定ですが、大阪はIR（統合型リゾート）誘致も同時に進めていますよね。オリンピックや万博をはじめとした大規模イベントは開催都市に何をもたらすのでしょうか。その来し方と行く末をどのようにご覧になっていますか。

井上 先ほど話題にのぼった上野も岡崎も、国内の博覧会の会場跡地です。私の印象では、オリンピックよりも博覧会のほうがレガシーを残している。

青木 ですね。

井上 パリは19世紀後半から、頻繁に万国博覧会を開くんです。理由の一端を申し上げます。ナポレオン3世がジョルジュ・オスマン（セーヌ県知事）に委ね、パリを改造していきますよね。そうしてきれいになったパリを、見せびらかすためだったそうです。パリの街じたいに万博のレガシーみたいなところがあると思います。

青木 はい。

井上 第2回の近代オリンピックは、万博と同時開催ですが、1900年にパリで催されるんです。しかし、当時のフランスはスタジアムをつくらず、プールもつくらなかった。陸上競技はブローニュにあった競馬場で選手を走らせました。水泳の競技者も、セーヌ川にロープで囲ったコースをこしらえ、泳がせたのです。

つまり、オリンピックは万博の余興でしかなかったんですよ。第3回のセントルイス・オリンピック（1904年）も、万国博覧会の余興なんです。万国博覧会は産業技術コンクールでもあったので、優秀な技術者に金・銀・銅の賞牌、つまりメダルを与えていました。こういう万博の仕組みをオリンピックが取り込んでいったんですよ。オリンピックの華は、万博のお下がりなんですね。

だけど今、新商品を発表するときに、万国博覧会をメインステージにしようとする産業はもうほとんどないと思うんです。たとえば日産もトヨタも、業界共通のモーターショーで、いやもう今は、自社で発表の会場を設けていますよね。

ＧＡＦＡ（グーグル、アップル、フェイスブック、アマゾン）の人たちも、自分でステージをつくっています。万博会場は見むきもされなくなりました。

万博の会場が技術コンクールの場ではなくなっていくにつれ、万博はだんだん展示物よりも展示の仕方へウエートを置くようになっていったのです。イルミネーションとか音響の、わりとチャカチャカした催しに変化したんじゃないでしょうか。ついに行き着く先がギャンブルハウスなのかという……。

青木　統合的リゾート、ＩＲ。

井上　今ドバイで万博をやっているんだけど（２０２１年10月1日～22年3月31日）、それを知っている人はあまりいないじゃないですか。でもオリンピックに関しては、次は２０２２年に北京で冬季大会、24年にパリ大会が予定されているということをわきまえていますよね。前回がリオデジャネイロであることも。だから、今度25年に大阪で万博が開かれるといっても、そこでの発信はほとんど世界に届かないことでしょう。かつてレガシーをつくったのは博覧会なんだけれども、もうそういう地位も後継者のオリンピックに譲ったような気がします。

青木　２０２０東京オリンピックの閉会式で、次のパリ大会のプロモーションビデオが流されました。自転車でパリの建物の屋根の上を疾走する映像です。オペラ座やオルセー美術館の屋根を走って、そしてまさに1900年の万国博覧会の会場だったグランパレのガラス屋根も走っています。グランパレの中では車いすフェンシングが闘われていて、上を見上げるとガラス越しに自転車が疾走している。大会用に競技場をつくるのではなく、街そのものを使ってオリンピックをするという意思が明確に示されていました。

井上　パリ万博遺産のオリンピック転用ですよね。

青木　ええ。パリの西側は、万博がつくった街と言ってもいいですね。東京からパリへのオリンピック引き継ぎ式が行われたトロカデロ広場は、万博会場としてつくられたものだし、シャンゼリゼ通りももともとは、「シャン」つまり野っ原で、パノラマ館やサーカス小屋など、アトラクションのパビリオンが建てられる会場だったのが、パリ万博会場に引き継がれていきました。たしか今はなくなってしまったけれど、ちょっと前までは、祝祭空間らしく、12月はクリスマス・マーケットで屋台が立ち並んでいました。今度のパリ・オリンピックには、博覧会を機会に都市空間を改造する時代が終わり、オリンピック会場をレガシーにする時代も終わって、もう街はできあがっているのだから今ある街を使おうよ、という強いメッセージを感じます。古い建築はちゃんと手を入れ続けなければ荒《すさ》んでしまいます。オリンピックという機会を利用して、それらの建築にお金を使って、しっかり保存改修する。賢いですね。最近知ったのですが、開会式はスタジアムではなく、セーヌ川を使うんだそうです。万博会場が人を惹きつける時代は終わったと先ほど井上さんが言われましたが、さらにオリンピックも大量動員を求めない時代になった、とも感じています。ベルサイユ宮殿で馬術の試合をするのは、人をいっぱい入れたいからではないはずですね。それは、ベルサイユ宮殿で馬術が行われているという映像、あるいは物語が素敵だからだと思うんです。そうなると、今あるレガシーから、映像として映える背景となるところを上手に選べばよく、もはや莫大なお金をかけて競技場をつくる必要はない。物理的に大勢の人を集めることよりも、大勢の人を惹きつける映像が配信されることのほうが大切になってきたというか。

その映像ももう、テレビ向きではありません。同時にいろいろな競技が行われているわけだから、一元的に観《み》るべき競技が選ばれ押し付けられるのはストレスだらけです。インターネットで、それぞれが自分の好きなものを選んで観るほうがいい。実際、2020東京大会のアメリカでのテレビ視聴率は非常に低かったそうです。

いま、サッカーワールドカップ予選が行われています。日本代表のアウェーの試合はテレビで放送されなくなりました。それで、DAZN《ダゾーン》で観ているのですが、解説者のレベルが高くて、ずっとこっちのほうがいいんです。課金されているから、本当に観たい人しか観ていない。すると、内容がよくなるんですね。

井上 ああ、なるほど。

青木 テレビでの放送は、コマーシャルからの収入で成り立っているから、視聴率勝負で、ただ盛り上げればよいという姿勢になりがちです。それだとサッカーファンには不満だし、観客の目も育ちません。

1964年東京オリンピックが遺したもの

井上 1964年の東京オリンピックは、オリンピックの歴史の中ではたぶん珍しい現象だと思うけれど、丹下健三さんが輝かしい国立代々木競技場（次頁の写真参照）を残さはりました。おかげで、オリンピックにはレガシーが伴うという思いを、我々は他の民族以上に抱いてしまっているのかもしれません。

青木 国立代々木競技場というレガシーもありますが、景観を破壊してしまうのも厭わず、川の上につくった首都高も64年東京オリンピックのレガシーですね。

井上　川の上は、用地買収が楽だったということですよね。

青木　というか、買収さえしなくてよかったのではないでしょうか。

井上　しなかったのか、あれは。

青木　都有地か国有地ですもの。あと、新幹線もレガシーですね。64年東京オリンピックは大きく、日本の、東京のインフラを変えました。

市川崑《いちかわこん》による1964年の東京オリンピックの記録映画（『東京オリンピック』、1965年）は、冒頭のシーンで巨大な鉄球がぶらんぶらんして……。

井上　ああ、解体の場面ですね。

青木　ええ、戦後のバラック建築を解体するところから始まるのですが、これには白紙還元してゼロから始めるという大きいメッセージが込められていたと思います。

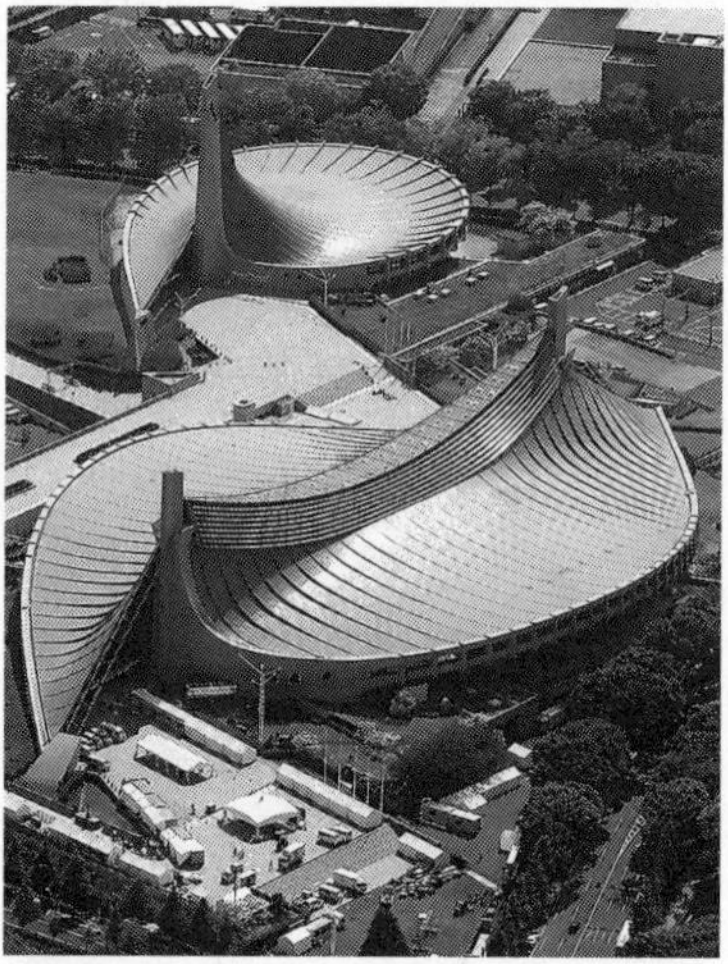

丹下健三「国立代々木競技場」。
手前が第一体育館、奥が第二体育館
©読売新聞社

井上 首都高もレガシーなのか。景観的には負のレガシーとして見えますが、ヨーロッパのオリンピックではありえないじゃないですか。川の上に高速道路って……。

青木 ないでしょうね。また丹下健三に戻ってしまいますが、「東京計画1960」が東京湾に向かって開発が延びていく計画になっているのは、東京の既存の土地は地権者が細分化されていて、買収して大規模再開発するのはほとんど無理、だから利権のない東京湾という論理でした。川の上だと一直線に延ばせないので、見た目は違いますが、首都高も「東京計画1960」と同じ論理でできています。

井上 そうですね。

青木 統治者が強制的に都市を大改造できた昔と違って、今は、利権がないところを探して、開発する。

井上 そういえば、あの少し前頃から水上生活者は、ほぼ一掃されました。彼らが権利を持っていたわけではないと思うけれども、何か絡んでいるかもしれないですね。

青木 そうですね。私が月島に住んでいた1990年頃でも、まだ船上生活者らしい人もかろうじて残っていましたが、東京にはもうほとんどいなかったはずです。横浜にはまだ残っていましたが。

井上　なるほど。他の町ならもう少し遅くまで残っていた人たちを、オリンピックがあったので、追い出す時期が早まったのでしょうね。

青木　でしょうね。

井上　昭和30年代の流行歌に、「銀座九丁目水の上」があります。現在、首都高や商業施設がある土地（銀座8丁目の先にある住所不確定地域）は堀を埋め立ててつくられたものです。東京の人は今あまりそういう認識を持っていらっしゃらないかもしれませんね。でも、あのはやり唄がうたわれた頃は「水の上」だった。

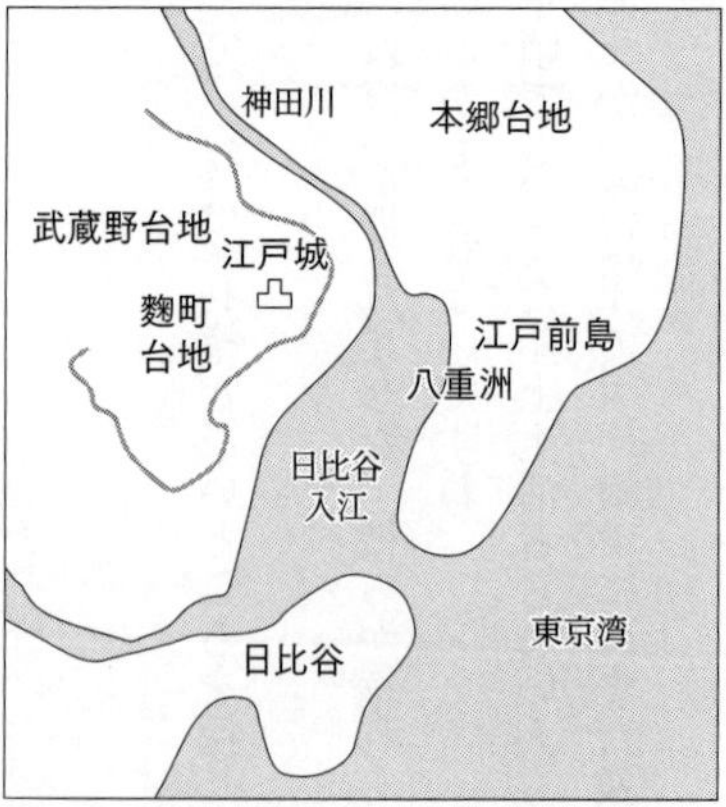

江戸城築城（1457年）当時の地形図

青木　お台場は別かもしれませんが、晴海、豊洲あたりまでは、昔からの陸地と思っている人が多いでしょうね。江戸時代に入る前は、日比谷は入江で、銀座はその向こうの「江戸前島」と呼ばれた半島のような島だったのですが、今そういうことを言うとみな驚きます（地図参照）。

井上 「八重洲」という地名が、あの辺りは洲浜、浜辺だったことを示しています。その意味で、丹下さんの東京計画は江戸以来の伝統にのっとっているのかもしれないですよ。
青木 なるほど。太田道灌《おおたどうかん》の時代から江戸・東京は利権のない海を埋め立てて成長してきたわけですね。

レガシーになる建築、ならない建築

――1964年の東京オリンピックのレガシーについての議論がありましたが、2020年大会はいかがでしょうか？　新国立競技場の建設では、ザハ・ハディドの案が撤回されるなど、いろんないきさつがありましたけれども、どのようにご覧になっていましたか。

青木 ザハ・ハディドの案はコンペで選ばれたものですが、そのコンペの開催はそもそも、東京にオリンピックを誘致するためのアピール力のある案が欲しかったからでした。ザハ案は、その点では圧倒的に優れていました。宣伝材料を選んだまでと言えばそれまでですが、選んだ以上は、首相の一存などでは撤回すべきではなかったと思います。

ただ、ザハ案は今の街の成り立ちを暴力的と言っていいくらいに大きく変えるものでした。

それに、それをオリンピック後にも維持していくだけのお金が用意できるのか、という都民全体に関わる問題もありました。だからこの問題について槇文彦《まきふみひこ》（１９２８年〜。代表作に幕張メッセなど）さんが書かれた最初の提案通り、住民投票によってコンセンサスを取る必要があったと思います。その上で実現したら、良し悪しは置いておくとして、レガシーになったでしょうね。

しかしザハ案が破棄され、隈研吾《くまけんご》（１９５４年〜）さんのデザインでできあがった新国立競技場（写真参照）は無難な建築で、これだったら前の国立競技場を建て替える必要があったのかなと思います。結局、今回のオリンピックでは、街を改造して新しいレガシーを生み出すことも、この機会を利用して先輩たちから引き継いだレガシーを

隈研吾「新国立競技場」　©読売新聞社

次世代につなぐこともできなかったのではないでしょうか。

井上 1970年の大阪万博で「太陽の塔」（69頁の写真参照）がレガシーになると、当時は誰も思っていなかったでしょう。しかし結局、会場跡地を見たときに付近の人が一番愛したのは、岡本《おかもと》太郎《たろう》のモニュメントだった。

青木 本当にそうですね。

井上 何がレガシーになるかというのは、時間が経ってみないとわからないんじゃないでしょうか。

青木 要らないから壊すというふうにはならず、ずっと使われていた結果がレガシーということですね。

井上 代々木競技場の第一体育館は、もともと競泳用の施設でした。あと、飛び板飛び込みかな。あそこで、飛び込み台へ上がった選手は、高揚感におそわれたことでしょう。でも、もうプールではなくなっています。当初の目的は消えてしまいました。飛び込み台へ上がって、あの空間を体感することも、今はできません。でもあの空間は捨てるにしのびない、と各方面で思われたんでしょう。今でもバレーボールやバスケ、コンサートなどのイベントで使われていますね。

青木　大阪万博のほうは万国博美術館の施設が、国立国際美術館（写真参照）になりましたが、それも老朽化を理由に取り壊され、2004年に大阪の中之島に移転してしまいました。あれはもったいなかった。川崎清《かわさききよし》（1932〜2018年）さんがつくった万国博美術館は茫漠としてとりつく島がない空間で、人を流す動線から割り出された、万博じゃないとできない、非常にユニークな空間でした。

井上　パビリオンだから、ゆるされた企画じゃないかとは思います。

青木　また、万博公園内には黒川紀章《くろかわきしょう》（1934〜2007年）さんの……

井上　国立民族学博物館（写真参照）がたっています。メタボリズム（1959年に黒川紀章、菊竹清訓《きくたけきよのり》ら日本の建築家・都市計画家らが起こした建築運動。原義は「新陳代謝」。転じて社会や人口の変動に合わせて成長する都市像・建築像を提唱した）の理念が、唯一現実化された例じゃないかと私は思います。今でも増改築しているんです。

青木　ちゃんと新陳代謝をしているわけですか。また訪ねてみなくては。

井上　黒川さんの中銀《なかぎん》カプセルタワービル（次頁の写真参照）は、固まったままじゃないですか。ご存じのように、このビルはさまざまな方向を向いたカプセルを組み合わせてできています。カプセルはコアシャフトにボルトでとめられていたため、住み手が自分の都合に合

川崎清「国立国際美術館」は移転のため2004年に解体。
写真は03年撮影　©読売新聞社

黒川紀章「国立民族学博物館」と岡本太郎「太陽の塔」　©読売新聞社

わせてこれを取り外し、たとえば冬場はスキー場へ持って行くこともできる。そんなコンセプトであれはできています。ところが、実際には住み手のだれ一人としてそんなことをしなかった。ボルトを外すためには鳶職の世話にならなければなりませんし、カプセルを取り外すにはクレーン車だって必要です。そうした作業を銀座8丁目で行うことが、行政に認められるとも思えません。

これは事実上、磯崎新（1931年〜）さんの「切断」と一緒じゃないですか（「切断」は磯崎新が唱えた「プロセス・プランニング論」におけるキーワード。「プロセス・プランニング」とは経年変化を計画段階で想定して設計を行う方法論であり、そのプロセスが最後に「切断」されることにより、建築物として具現化されると唱えた）。

黒川紀章「中銀カプセルタワービル」
©読売新聞社

青木 レガシーかどうかは時が判定することなんですね。

井上 はい。これも別の話ですけど、武道館はもちろん武道でも使われると思います。だけど、1966年にビートルズがコンサートを開いたことによって、ミュージシャンの聖地になっていきました。後世の人がどういう使い方をするかによって、建築は生き残り方が違ってくる。これは当初設計に関わった建築家がどうこうできる問題じゃないと思います。

青木 たしかに。しかしモダニズムの建築には、機能主義という大きい考えがあるわけですよね。つまり、何のためにつくるのかというときの「何のため」というところが非常に重要でした。だから、明確に目的が決まってつくられているから、目的が変わってしまうと使えなくなってしまう。

でも、もっと昔の建築は、「何のため」の「何」にあまり厳密には対応していない。たとえば教会建築は、この宗教のこの儀式のためにとデザインはされているけれども、基本はもっと漠然と、非日常的で厳かな空間という程度のコンセプトでつくられていたように思えます。そのほうが、違う用途としても使える可能性が高い。

井上 建築は大きな予算を伴う仕事なので、合理的な説明が求められます。なぜ、この形が導きだされるのか。その点についてクライアントを説得しなければなりません。いまでも

「これこれ、こういう用途に役立ちます」という説明をしないと、案が通りにくいのではないでしょうか。

青木 でも、それは「方便」というものでしょう。

井上 方便ですよね。じっさい、後世に残る建物は、使い勝手の良さという当初の方便が評価されて延命していくわけじゃありません。そういう用途をこえて、生き残るわけです。結局、理由はわからないけれども、周りに愛された建物が残るとしか言いようがありません。

青木 そして、地球環境の危機を考えるなら、スクラップ・アンド・ビルドではなく、結果的に長く愛されて使い回されていく建築のほうがいいということもあります。

井上 ただ難しいのは、結局は愛される建物が残るんだということに開き直って、「愛されよう、愛されよう」という設計の姿勢には、ちょっとあざといものを感じて……。

青木 愛されようと思って愛されるほど、物事は簡単じゃありませんよね。

井上 はい。あれはもう偶然としかいいようがないと思います。

青木 建築家としては偶然だけではないと思いたいんですけれども……。でもたしかに愛されようと思ってつくられたものは駄目ですね。

井上 芸能人のスターはなり手がいっぱいいて、芸能事務所はスターをつくる法則を持っていると思います。でも、じっさいに当たるのは数十人、数百人に一人であって、他は死屍《しし》累々《るいるい》のはず。おそらく本も同じですね。狙ってベストセラーにできるなら、みんなやっている。再版できるかどうかは、編集者の辣腕《らつわん》にかかっている面があると思いますけれども、20万部、30万部、100万部という段階になると、もう計算外だと思います。

青木 だから従来のマーケティング手法で売れそうなものをつくるのではなく、とりあえず出してみて、反応によって変えていこうとするアジャイルマーケティングと呼ばれる手法が流行していますね。変えやすさを取り込んでいる。でもこれはこれで、ひとつの型にはまってしまいそうですが。

北京の「鳥の巣」は廃墟になる⁉

井上 北京の「鳥の巣」（北京国家体育場、次頁の写真参照）はオリンピックのレガシーっぽいように見えますが。

青木 あまり使われていないと聞きますけれど。

井上 北京の人からあまり愛されていない？

青木　２００８年北京オリンピックの会場はかなり廃墟になっているそうです。

井上　廃墟ですか。

青木　ある意味、巨大な舞台セットだったし、それでよかったのかもしれません。当時、川口衞《かわぐちまもる》（１９３２〜２０１９年）さんという構造設計の大家は、構造的に見るとばかげている、とおっしゃっていました。

井上　本当に「鳥の巣」のような代物なんだ。

青木　すごい構造体ではあるけれど、支えている物がなく、ただ自分を支えるためだけの構造だと。

井上　博覧会のパビリオンですね。

青木　そういうことですね。

井上　レガシーをそもそも狙っていない。

北京五輪メインスタジアムの北京国家体育場。通称「鳥の巣」
©読売新聞社

青木 ただ、オリンピックの会場とは放送のための舞台セットである、という真理は体現しています。

井上 それでよしとする建築家ももちろんいらっしゃると思うけれども、多くの建築家からしたら、それは切ないんじゃないかなあ。

青木 切ないでしょうね。リサイクルをテーマにして、使用後、簡単に解体できるように設計するというのだったら、面白いかもしれませんが。

井上 「鳥の巣」は、解体もしづらそうですね。

青木 鋼材で編まれたようにできているので、解体は大変でしょうね。でも8万人も入るスタジアムを日常的に使うのは難しいから、将来的には廃墟になる可能性は高いと思います。

井上 意外と北京のパルテノン神殿みたいになるかもしれませんよ。いや、スタジアムだから、コロッセオかな。

青木 それはそれで格好いい。

井上 建築には壊しづらいから延命してしまうというかたちでの、生き残り方もあるのかもしれないですね。

青木 22年の冬季オリンピックでも開会式や閉会式はここでやるという話も聞きます。ということは、とりあえずもうしばらくは延命できそうだけど……。

井上　いずれ朽ち果てるのですね。

青木　あまり使われないとメンテナンスにばかりお金がかかり、そのうちに立ち入り禁止になって、朽ちていくのではないでしょうか。

原爆ドームに価値を与えた丹下健三の炯眼《けいがん》

井上　話がどんどん東京から離れていきますけれども、あえて言います。原爆の爆心地にある元の広島県物産陳列館（後の原爆ドーム）は、ヤン・レッツェル（Jan Letzel、1880〜1925年。チェコ人の建築家）が設計をしました。彼は、陳列館があんなふうな残り方をすると夢にも思っていなかったでしょう。でも今、たぶん広島県民にとって一番象徴的な建物になっていますね。

青木　そうですか。放っておいたら壊れちゃうんですね……。でもそもそも、丹下さんが1955年に広島平和記念資料館をつくらなければ、残っていなかったでしょうね。

井上　原爆ドームは、もう廃墟なんだけど、プラスチック注射をして持たせているらしいです。

井上 建築の勉強をした人たちは、丹下さんのピースセンターを思い浮かべるけれども、一般市民は原爆ドームのほうだと思うんです。

青木 ええ、それはそうなんですが、原爆ドームに皆が価値を感じていたから、丹下さんもそれが視線の先になるようにピースセンターを配置したのではなく、話は逆で、丹下さんが、原爆ドームが象徴的に見えるようにピースセンターの先を原爆ドームに向けたから、それがシンボルになったという順番ですね。

井上 それはあると思います。公園の軸線の延長上に原爆ドームを置いた（写真参照）。そういう意味では丹下さんに眼力があったのでしょう。

青木 そうですね。

丹下健三「広島平和記念資料館」（奥）と
原爆ドーム（手前） ©読売新聞社

建築家の性《さが》

井上　ある建築家が、1000年後、2000年後、自分の設計した建物が廃墟となって残っているという想像上の構図に、ナルシシズムを感じる、と言っていました。大きい声ではいえない話ですが、今の施主なんかどうでもいいといわんばかり。やっぱり、建築家の方々は大なり小なり、そういう思いを抱いていらっしゃるのでしょうか。

青木　どうでしょうか。自分の設計した建物を施主に引き渡すとき、「自分の娘を嫁にやるような気分だ」という建築家は少なからずいます。私の場合は、設計中はその建築を自分の一部のように感じていますが、できあがったとたん、憑き物が落ちたように他人になってしまう。だから残っても残らなくても、気になりません。どうも、できた物にではなく、設計という行為に建築を感じているのかもしれませんね。

井上　ここ（京都市美術館）で、リフォーム後もお付き合いを続けたはるのは、珍しいことなのですね。

青木　客観的に言っても珍しいし、私としても不思議な感じです。

井上 青木さんが京都市美術館の館長を務めているのは、娘の父が相手の実家にやってきて、おまけに住み込んでいるようなものじゃないですか。

青木 設計した建築を娘と思うメンタリティからすれば、そういう状態ですね。(笑)

井上 安藤忠雄《あんどうただお》(1941年〜)さんは、自分の設計された建物をときどき点検に回られて、妙な使われ方をされていると文句をおっしゃるとかいう噂を耳にしますが。

青木 そういう建築家は多いと思います。

井上 そうですか。へえ。

青木 竣工をもって、建築は施主に引き渡され、そこからの使われ方について、あれこれ言う権限は建築家にはないんですけれど。

井上 建築だけではなしに出版物だって、べつに著者が思い描いていたかたちで後世に残るわけではないですしね。夏目漱石は、自分の作品が高校生の、いや中学生かな、必読書になるなんて思っていなかったはず。あんなかたちで自分の作品に対する感想文が夏休みに書かされるようになるとは、まったく思っていなかったでしょうね。

青木 完成したら、作品は作家の手から離れて一人歩きを始めますね。

3章

［リレー・エッセイ］

東西まちまち

建築史家と建築家がコロナ禍中で考えたこと

井上章一×青木 淳

青木さん
井上さん
©fancomi

1

京都の河原　おおらかな「広場」

井上章一
2020年4月5日

本章は東京・京都などのまちかどから、日本の都市論、文化論へいざなうリレー・エッセイです。初回は井上さん。京都・鴨川《かもがわ》沿いを歩けば目にとまる、あの風景から、話は広がります。

新型コロナとよばれるウイルスが、はびこっている。多くの人は、旅行をてびかえるようになった。観光都市の京都でも、入洛《にゅうらく》客は激減したようである。

しかし、川ぞいの四条から三条あたりには、ごく最近までカップルがならんでいた。河原に腰をおとし、川の流れとむきあう男女は、3月中旬の様子を見るかぎり、へっていない。

京都の恋人たちは、ここを憩いの場所にしているのだなと、あらためてかみしめる。

ストリート・ミュージシャンたちが腕前を披露するのも、この界隈《かいわい》である。いわゆる大道芸の人びとも、やってくる。

もとより、建物がたてこむ場所ではない。空間はひらけており、開放感がたのしめる。街頭とはちがって、自動車やバイクなどとの接触に用心をする必要もない。

また、河原では川風が日常的にふいている。空気がよどむことはない。こんな御時勢でも、あのあたりには清浄な環境がたもたれていると、感じるせいだろう。恋人たちやミュージシャンらは、わりあいおおらかにむらがっていたようである。

男女のペアがここにつどいだしたのは、比較的新しい。20世紀後半以後、高度成長期からの現象であったろう。楽器をもちこむ人たちがめだちはじめたのは、さらにその後であったと思う。

とはいえ、歴史的な根は、そうとう古い。14世紀の南北朝時代には、河原へあつまる人びとの様子をしめす記録が書かれている。たとえば、勧進興行のアトラクションで、あたりはたいそうにぎわった。

ねんのため書くが、勧進は寺の募金事業をさす言葉である。新築、増改築、あるいは仏像作りにかかる元手を、一般からつのる。そのために、少なからぬ寺は、さまざまな芸能活動へうってでた。河原は、興行をつうじた布施あつめの場にも、なっていたのである。

その延長線上に、ここはエンタテインメントの場へと変貌《へんぼう》する。宗教色を弱めた、より娯楽性の強い興行も、もよおされるようになっていく。

今ほど河川管理がゆきとどいていなかったせいだろう。雨期をのぞけば、川のなかほどには、しばしば中洲《なかす》が形成された。江戸時代の四条あたりには、とりわけ大きなそれができている。

そして、そこには仮設の芸能小屋が、いくつももうけられた。いわゆる露店をいとなむ者も、少なくない。京童《きょうわらべ》らもそぞろ歩きをたのしんだ。縁日を恒常化させたような場所になったと、言ってよい。

二条河原が有名だが、南北朝期には新聞の原型となる「落首《らくしゅ》」が掲示されている。六条河原では、公開処刑が挙行されもした。それだけ、人びとのあつまりやすいところだったのだと言うしかない。

ヨーロッパの都市には、たいていどこでも広場が設営された。人民が情報を交換しあい、市《いち》がたつ。処刑も見世物となる公開空地が、もうけられている。また、そこは大道芸の人びとが芸をくりひろげる舞台にもなっていた。そして、そういう都市広場が、けっきょく日本ではできなかったと、よく言われる。

しかし、京都は河原をヨーロッパ的な広場として、利用してきたような気がする。今のカップルも、そんな代用広場にあつまっているのだと、みなしたい。

2

映画に思う「水の都」 艀の時代

青木 淳
2020年4月19日

井上さんは初回で、京都・鴨川の河原を〝代用広場〟と見立てました。東京の変遷を語る青木さんの視線も、やはり水辺に向かいます。

もう5年以上前になるが、いつかは受けなければならない手術のために、しばらく入院することがあった。期間は1週間ほど。こんなに長い時間、暇になることはそうそうない。この機会にと、前から通して観たかったDVDの小津安二郎《おづやすじろう》全集を持ち込んで、日がな一日楽しく、映画三昧の日々を過ごした。痛かったけれど。

流れている時間が違った。朝、日が上って、正午を回ったと思う間もなく、日が傾いている。そんな一日の静かな時の流れがまた、小津の映画にも流れていた。東京にも、かつて、こんな時間があったのか、と感慨に耽《ふけ》っていたら、画面に、入院している当の病院が突然映って、のけぞった。1958年の『彼岸花』である。

50年代の東京の町がどんなだったか。それを、サミュエル・フラーの『東京暗黒街・竹の家』（1955年）は、かなりよく記録している。なにしろ、当時のアメリカ人にとっての「日本らしい」事物をふんだんに盛り込んだ映画である。冒頭は、富士山を背景とした武器略奪シーン。話が進むと、銀座4丁目交差点はもちろんのこと、いまは明治村に玄関だけが残るフランク・ロイド・ライト（Frank Lloyd Wright、1867〜1959年、アメリカの建築家）設計の帝国ホテルも登場する。最後の撃ち合いシーンに使われたのは、浅草のデパート松屋の屋上遊園地だ。その一角にあった塔の上の地球儀型回転遊具の上で、ついに悪人は息絶える。座席足元に、浅草界隈の街並みが広がる、かなりこわそうな乗り物だ。

室内シーンは、基本的にアメリカでのスタジオ撮影だが、ロケ地は、連合国軍接収時代直後の東京だったから、当時の雰囲気がよく伝わってくる。

なかでも興味を惹かれるのは、山口淑子《やまぐちよしこ》演じるマリコが住む家が、川っぷちにあること。川は繋留《けいりゅう》された艀《はしけ》で満ち、水上生活者たちが洗濯物を干している。艀から艀に跳び移って、先に進むことさえできる。そんな川に、木で組まれた通路が石堤から跳ね出していて、彼女の家にはそこから入る。こうした風景を、フラーが、東京の「庶民」の生活を表す典型として選んだことが、ぼくにはたいそうおもしろい。

艀とは、港に接岸できず沖に停泊している大型船と岸との間を行き来して、人や物資を運ぶ小舟のことである。東京はかつて、こうした艀が奥まで入り込めるよう、川や運河や堀が、内地まで縦横に張り巡らされた「水の都」だった。江戸時代だと、艀よりも、伝馬船《てんません》と呼ばれることが多かっただろう。明治も終わりに近くなると、輸送船の規模も大きくなって、それにつれ、艀を使う港湾労働者が急増した。艀の船尾で日常生活を営む水上生活者も多かった。戦後は、港湾が整備されコンテナ船が接岸できるようになり、トラックによる陸路輸送が主軸になる。それで、徐々に艀の用は失われていって、今はもう艀も水上生活者も見ることはない。

これは東京に限らず、大阪や広島など、日本の海沿いに発展した都市に共通する歴史ではある。しかし東京の特殊さは、この明治以来の生活様式の衰退と戦後の近代化とが鋭く交差する瞬間を持った、というところだろうか。この映画の、川とともにあるのが東京の庶民の生活、というのは、あまりにあまりな設定ではあるけれど、皇居前の広々とした道路を新式自動車が走るシーンとの対比で、水上生活のシーンを選びたくなってしまったその感覚に、ぼくはその瞬間がなせるわざを見る。

ちなみに、強盗シーンに使われる工場は佃島《つくだじま》でのロケではないか、と想像する。思えば、この交差を経て、東京は湾に向かって土地を広げていく。古い街は街で変わっていく。しかし、海に向かって、アメーバのように拡張するのが東京の街なのだ。

3

路上の食事　控えめな日本

井上章一
2020年5月3日

新型コロナウイルスへの世界の対応は、公衆衛生の歴史とも関係するようです。日本では違和感のないマスクの着用も、トランプ米前大統領などは当時、「私は着けない」と宣言――。井上さんは路上の食事をめぐる洋の東西、日仏の違いに着目し、背景を考察します。

路上にイスとテーブルをだして、食事をたのしむ。そんな光景を諸外国では、よく見かける。欧米諸国のレストランでは、それが普通になっている。もちろん、今はそれどころじゃあないが。

日本の行政は、ながらくああいう飲食をみとめてこなかった。イスやテーブルの店外設置はゆるさない。飲み食いは、みな店内ですますよう指導をしてきた。

このごろは、屋外にイスなどをだしている店も、まま見かける。食事を屋内へとじこめようとするこれまでの姿勢は、軟化のきざしを見せている。だが、公道上での営業を許可するまでには、いたっていない。あいかわらず、抑制的である。屋外での飲食がゆるされているのは、店舗の敷地内にかぎられる。

当局が外での食事をいやがったのは、衛生的な気づかいのせいであろう。都市には、自動車やバイクの排ガスがただよっている。工場があれば、煤煙《ばいえん》もおりてくる。路上のチリが、風にとばされることも、見すごせない。そして、それら大気汚染物質は、卓上の食料へ害をおよぼしうる。当局は、食中毒の可能性におびえてきたのだと思う。

ただ、このごろは排ガスの毒性が、よほど弱まっている。工場からでる煙も、へってきた。路上も、きれいになっている。レストランの敷地でなら、外で食べることを黙認しはじめたのは、そのせいだろう。

もっとも、公道にイスやテーブルをおけば、自動車などとの接触もおこりうる。万が一、食事中に車がつっこんできた時、誰がどう責任をとるのか。あらかじめ予想しうるそんなもめごとを、今でも道路管理当局はいやがりそうな気がする。公道での食事にふみきれないのは、そのためか。

いっぽう、欧米諸国は今より排ガスのひどかった時代から、路上の飲食をみとめてきた。犬や猫の糞《ふん》が路上に散乱していたころから、イスやテーブルを外へださせている。日本とくらべれば、衛生面でのこだわりは弱かったのかなと想像する。言いかえれば、日本の行政は、あちらより安全対策に熱心だったのだと、感じいる。

余談だが、1970年代のパリは、まだ道路のあちこちに糞がおちていた。空気がかわいているせいだろう。それらは、しばらくたつとひからびた。歩行者の多くは、平気でその上をとおっていく。その結果、こなごなになった糞が、風に舞う光景を、しばしば私は見た。あのすぐ横で、風を感じながら、よく食事ができるものだなと、感心したものである。

さて、京都の鴨川ぞいには、納涼床《のうりょうゆか》（次頁の写真参照）のならわしがある。川の西側にならんだ飲食店が、暖かい季節をむかえると、川へむかって床をせりだす。雨がなければ、青空あるいは夜天の下で、客に食事を味わわせようとする。東山の風景もめでつつ、舌鼓をうってもらおうという工夫が、ほどこされてきた。

都心と言っていい立地だが、街の喧噪《けんそう》からははなれている。排ガスも、あまりおよばない。

交通事故も、さけられる。と言うか、そもそも路上だからおこってしまうトラブルはありえない。日本の、そして京都の行政も、屋外での食事を、あの区域にかぎりゆるしてきた。

やはり、河原の周辺は日本の都市にとって例外的な空間だったのかと、かみしめる。まあ、感染症のはびこるあいだは、会食や宴会に興じるわけにもいかないのだが。

鴨川沿いにせりだして並ぶ納涼床

4

愛の往来　裏木戸の存在

青木　淳
２０２０年5月17日

前回、井上さんが路上での食事に着目し、日本とパリを比較しました。ならば通りから内側へ入ると、どんな空間になっているのか。青木さんは、京都とパリには案外共通するところがあるのではないか、それに対して東京は……と筆を進めます。

京都、なかでも四条烏丸《からすま》のあたりを歩けば、辻《つじ》から次の辻まで、かなりの距離がある。今なお、平安京の条坊制でつくられた約１２０メートル角の正方形街区が残っているからだ。街区が大きいということは、建物の奥行きが深いということ。にもかかわらず、間口は、概して狭い。だから、そんな空間を指して、皆が「うなぎの寝床」と形容してきた。

京町家では、通りから奥に向かって、通り庭と呼ばれる外廊下状の土間が貫いている。いちばん奥に、裏庭がある。そこにはたいてい、土塀の蔵が建っている。奥に、表からは想像もできない静かな別世界がある。京の街の深さを実感するのは、たとえば、そんなお宅に招かれたときだ。

街の奥行きの深さは、別の形で、ヨーロッパの都市にも感じられる。ここでも、建物は、軒を接して、道に面しては閉じられている。門扉の横には、インターフォンが嵌《は》め込まれていて、小さな名札を頼りに、ボタンを押して、用件を伝え、門を解錠してもらう。門が開くと、前に中庭が広がる。突っ切って、目指す部屋に向かう。

いつのことだったか、パリで毎年開催される写真フェスティバル、パリ・フォトで、配布される地図を頼りに、会場を訪ね歩いていて、驚いたことがあった。普段は、公開されていない建物だっただろう。開けてもらった門の向こうは、中庭というより、もう校庭と言ってよいほどに巨大な空間で、それを取り巻くロココ様式の建物の、会場らしき部屋に入って、案内されるままに、地下深く降りて行ったら、これまた巨大な廃墟めいたところに出た。正面の壁に上映されていたのは、中国の現代美術家・楊福東《ヤンフードン》の作品。パリは、物理的に奥深いだけでなく、時間の層も堆積していて、奥深くに、古層が眠る街だったのである。

が、東京は、まるで違う。奥がない。通り抜けられる。そのことがむしろ、この街らしさなのではないか、と思っている。

江戸時代の江戸の町家のつくりからして、そう。通りには、表店《おもてだな》が面している。その隙間から奥へ入ると、路地が二股に分かれ、裏長屋が、挟まれている。そこに住むのが、八っつぁんであり、熊さんだ。路地はその向こうでまた一筋になって、通りに抜ける。表と裏はある。しかし、裏の先で、また表にひっくり返る。奥があると思ったら、ない。なにやら、東京の街の、濃淡はあっても、薄っぺらく、表面的なところを象徴しているようでもある。

夏目漱石の『三四郎』で、三四郎がヒロイン里見美禰子《みねこ》に再会するためにも、裏に抜ける戸がなければならなかった。英語教師の広田萇《ちょう》の引越しの手伝いで行った新居。「また縁側へ腰を掛けた。掛けて二分もしたかと思うと、庭木戸がすうと明いた。そうして思《おも》いも寄らぬ池の女が庭の中にあらわれた」。三四郎が裏手に回って、庭をぼんやり眺めていると、美禰子が庭の向こうの木戸からあらわれるのである。

国木田独歩の『竹の木戸』になると、庭の先、隣家との間に設けられた裏木戸の存在が、事件のきっかけとなる。井戸のない貧しい隣家の願いとはいえ、行き来可能な裏の庭戸さえ許していなければ。小学生だった頃、住んでいた私の家の庭にも、隣家との間に木戸が、忍ばれてあった。

映画シリーズ『男はつらいよ』の葛飾柴又《かつしかしばまた》の草団子屋にも、表と裏がある。裏には庭があり、その向こうは、タコ社長が経営する町場の印刷工場だ。裏戸があるから、しょっちゅうタコ社長が入って来る。2階のさくらの部屋の向かいは工場の寮で、職工の博が住んでいる。ここでも、裏の木戸があるから「事件」が起きる。工場の職工たちが集まって「スイカの名産地〜」と歌うのは、寅さんの家の裏庭だ。そして、さくらと博が結婚する。こうして裏木戸は、第1作において、愛が行き来する扉と位置付けられたのであった。

5

禁欲の春 パチンコ好きの行列

井上章一
2020年5月31日

2020年の春は、思えば〝禁欲の春〟だったかもしれません。お花見で盛り上がりたい。温泉でくつろぎたい。とはいえ、感染は怖い。周囲に迷惑もかけられない。そこで、にわかに世の注目を集めたのは――。「都市と欲望」について考えさせられます。

新型コロナと呼ばれるウイルスに、我われは悩まされている。てなずける手立ては、まだ見つかっていない。その影におびえ、ただ距離をとりながら、今はなんとかしのいでいる。

街で人影を見ることも、5月半ばまでの印象だが、めっきり少なくなった。多くの商店が、シャッターをおろしている。ステイ・ホームという合い言葉や、営業自粛要請のたまものであろう。

そんな街で、店をあけているパチンコ店にでくわすと、うろたえる。開店前から客の行列ができている光景にも、とまどった。みんながしんぼうをしている時に、なぜパチンコの好きな人はがまんをしないのか、と。

自治体の首長たちは、けっこうしつこく営業をやめるよう、呼びかけた。この要請に応じない店は、その店名を公表すると、ゆさぶりをかけてもいる。そして、じっさいに、どこそこはまだやっていると、知らしめもした。

だが、この告知は、逆の効果ももたらしたらしい。あそこは、営業をつづけている。そんな情報が、パチンコの愛好家につたわり、かえって彼らを呼びよせた。おかげで、当該店の集客をうながしたと、聞いている。

自粛へふみきらなかった店にも、経営面での言い分はあるだろう。店を閉じれば、従業員に給与がはらえなくなる。家賃のほうも、おぼつかない、等々と。だが、そういう困難は、他の店もかかえている。飲食店をはじめとする多くの店が、同じ問題にむきあっているのである。

ただ、飲食店の場合、店をあけても、それほど客は集まらない。感染におびえた人びとは、あまり立ち寄ろうとしないだろう。

その点、パチンコ店の集客力はきわだっていた。開店前から、店の前に行列ができる。何十メートルにもわたって、愛好家がならぶ。そんな店に、多くの男たちが、また少なからぬ女たちもむらがったのである。

彼ら彼女らは、コロナがこわくなかったのだろうか。いや、そんなことはあるまい。これだけ、各種のメディアで、その恐ろしさは喧伝《けんでん》されている。おびえる気持ちは、わかないわけがない。

だが、びくびくはしながらも、パチンコをしたいという情熱のほうが勝ってしまう。それだけ、パチンコの魅力は強いのだと思う。感染症への恐怖に、パチンコ玉の誘惑は打ち勝つことがある。その現実を、入店者の行列は、まざまざと見せつけた。

プロ野球の開幕がのびたことを、阪神タイガースのひいき筋はうけいれている。日本のフーリガンと評される熱狂的なファンでさえ、納得してきた。その堪《こら》え性が、一部のパチンコ好きには、どうやらないらしい。依存症めいた気分が、彼らにはあるのか。街のパチンコ店をながめ、そうかみしめる。

大阪府の吉村知事は、新型ウイルスにたいする果断な対応で脚光をあびた。自粛要請に背をむけるパチンコ店の店名公表へも、早くからふみきっている。

その大阪府は、カジノも含むレジャー施設の設営をめざしてきた。シンガポールやマカオをはじめ、街の活気をカジノもささえている海外の都市は、少なくない。日本でも、いくつかの街が同じ途《みち》をさぐりだしている。大阪も、カジノの招致には名のりをあげてきた。

ギャンブル依存症の人びとを、ふやしかねないやり方である。ただ、経済への刺激は見こめよう。大阪のリーダーたちも、依存症対策はなんとかなると揚言しつつ、事をすすめてきた。

しかし、そんな彼らも、今回のパチンコ騒ぎで思い知ったろう。愛好家はおさえがききにくい、と。それでもカジノへむけて、アクセルをふみつづけるのか。今後の行方を見まもりたい。まあ、ポスト・コロナの不況で、カジノは成り立たなくなるかもしれないが。

6

うねる大通り　東京のリアル

青木　淳
2020年6月7日

外出自粛が続き、在宅勤務にテレビ会議と、働き方も変わってきました。建築事務所も例外ではないそうです。設計案を議論する仮想ツールの進化に驚いた青木さんですが、自転車でアトリエに向かう道々、見えてきたのはまた違った東京の姿だったようで……。

建築の設計は、基本的に共同作業。だから不安だらけだったけれど、3月の末から当分の間、在宅での勤務に切り替えることにした。図面を、それぞれ自宅で仕事をするスタッフたちと、PCの画面上で共有する。遠隔にいる各人が、そこに違う色の仮想ペンを持って描き込む。そうやって、時を共にしながら、一緒に設計案をつくっていった。ここまで、ビデオ会議ツールが進化していたのか、とずいぶん驚かされた。

それでもストレスはあった。建築家は、100分の1の模型を見て、頭のなかでそれを100倍にして、実際に建ったときの景色を想像し、案の良し悪しを判断するものだ。模型をつくって、皆で囲み、ああでもない、こうでもないと、模型を切ったり貼ったりしながら、一緒に悩む。その作業ができないと、やはり「わからない」。だから、しかたがない、アトリエに集まる日を持つことにした。時だけでなく、場所を共にしなければ、やはりできないことがある。

自転車で、アトリエまで行くことにした。できるだけ上り坂は避けたい。しかし、下って上って、また下って上らないと、どうにも辿《たど》り着けない。2回下って2回上るのだから、差し引きほぼ同じ高度のところへの移動ではないか。どこかに平坦なルートがあってよさそうなものなのに……。

国土地理院のウェブページに入って、「傾斜量図」で、東京の地形図を調べてみた。こんなすごい地図が、無料で公開されているなんて、これまた驚くばかりなのだが、それはともかくとして、家とアトリエの間には、浅いけれど奥まで長く延びる二つの谷があることがわかった。無理して平坦ルートで行くなら、くねくねと遠く迂回しなければならない。試してみたら、たしかに坂道はなかった。しかし時間は3倍かかり、かえって疲れてしまった。

そういえば、今年（2020年）のはじめ、「都営バスで巡る地形テキストラリーGPS」という、スマホを使った期間限定のスタンプラリーがあった。「バス停名に潜む地形由来の文字を集める」という趣向の遊びである。なんでも対象となっていた都営バスの停留所だけでも、「東品川一丁目」のように「川」がつくのが108、「御殿山」のように「山」がつくのが38、「四谷駅前」のように「谷」がつくのが50、地形に関係のある文字が入るのが693もあったのだった。

水に関わる文字が多いのは、東京の東に広がる、下町と呼ばれる平坦地がかつて海だったから、だけではないだろう。その海に向かって、西から、細かな起伏を持った緩い丘が迫《せ》り出していて、水際が複雑に変化してきたからだと思う。そのくらい、その微地形パターンのよれよれ、しわしわは、すごいのである。

場所ごとに地形が与える特徴が微細に変化しつつ、それが絨毯《じゅうたん》のように四方八方に広がる。それが東京という空間の特徴である。人は、その微地形を時に無視して、人工的に町をつくってきた。しかし、それでもよくよく見れば、その足下に、土地の固有性が透けて見える。ヴァーチャルな世界が、リアルな世界に重なっている。そのあわいが、たぶん東京を豊かにしてきたのだろう。

ヴァーチャルだけでもやっていけそうな時代が、もうすぐ先にありそうだと、ビデオ会議をしながらつくづく思った。しかし、家を一歩出れば、群青色の空の下で、大通りが大蛇のように上下左右にうねっていた。人がつくったのではない、偶然なのか、神なのか、ともかく人知の及ばぬ絶対の他者がつくった、固有の場所、世界がまたあることを、自転車を止めて、改めて感じたのだった。

7 気ままな街並み　日本の不思議

井上章一
2020年6月21日

2020年の春は多くの人が外出を控えました。罰則もなく自粛要請に従ったのは、日本人が和を重んじる民族だからだと見る向きもあります。今回は、井上さん。ありがちな日本人論とはひと味違う「まちまち」な街の話。

新型コロナウイルスによる感染被害が、日本ではそれほど拡大しなかった。今春の状況を見るかぎり、また欧米諸国とくらべれば低い水準におさえこめている。なかでも、死者の少なさは特筆にあたいする。

この現象が、海外ではいぶかしがられてきた。とりわけ、罰則も科さずに人びとの外出が抑制できたことは、関心をあつめている。日本の当局は、強権を発動しなかった。自粛の要請という、やや生ぬるい姿勢で事態にのぞんでいる。にもかかわらず多くの市民は気ままな外出をてびかえた。さほど、感染もひろがっていない。なぜだ、と。

この点については、民族性をことあげする説明が、しばしばなされてきた。日本人は、ひとりひとりのエゴがきわだたない。上意下達を旨とする受容的な傾向をもつ。何より、集団の和を重んじる。自分の態度をきめる時でも、まわりの様子に気をつかう。そのため、強制力がはたらかなくても全体の趨勢《すうせい》にはしたがいやすいのだ、と。

サッカーの国際試合では、個の決定力不足がなげかれてきた。野球については、犠打の多さが特徴的だとされる。リレー競技では、バトンタッチのチームプレイが勝利の要因として語られた。とにかく、集団の和を言いつのる日本人論は、いろいろなところで耳にする。今回の感染症対応についても、その議論が反復されたのだとみなしうる。

私もこの常套《じょうとう》的な説明を、全面的にしりぞけるつもりはない。それが当を得ている一面もあると思う。

しかし、都市の街並みを見ると、まったく逆の日本論もうかんでくる。たとえば、京都で四条《しじょう》河原町《かわらまち》の交差点にたって、四条通と河原町通を見わたしてほしい。道に面してビルがならんでいる光景を、一望してみよう。

どのビルも、それぞれの形や色は、てんでんばらばらにしあげられている。隣のビルにデザインをあわせようとしたものは、ひとつもない。ビルをたてたオーナーや建築家は、みな自分の都合でそれらの形状をきめている。思うぞんぶんにエゴを発散させたビルが、軒をつらねているのである。

京都はパリと姉妹都市の協定を、かわしあっている。しかし、パリにこういう街並みはありえない。繁華街のオペラ座付近でも、ビルはみな似たような色や形にととのえられている。景観を比較するかぎり、没個性的で集団的に見えるのはあちらのほうである。京都では個の主体性が、より積極的にみとめられていると、言うしかない。

日本のなかでくらべれば、まだ京都は景観規制があるほうだろう。風致上の要請を、建設者側が確認申請のさいにうけることも、この街でなら、ままある。看板の色などで行政の指導があることも、ひろく知られていよう。

だが、そんな京都でも、ヨーロッパの古都を前にすれば、束縛は限定的である。建築家やビルの持ち主が、好き勝手に建物の形をあんばいする。その自由度は、フィレンツェより、同じく京都の姉妹都市だが、ずっと強い。

都市のなかにあって、建築表現の自由がひろく公認されている。この状態を、和が重んじられるという通説的な日本人論は、説明しきれない。むしろ逆で、全体の調和などおかまいなしに個を追求する民族だと、言いたくなる。

ふだんの社会生活では、自我をおさえ周囲に気をくばりながらくらしている。まさか、そのうっぷんを、建築方面へはきだしているわけでもなかろうが。

イギリスの建築家を、大阪の道頓堀に案内したことがある。街を見て、イギリス人は感嘆した。ここは、何をやってもいいところなのか。ヨーロッパではありえない表現の自由が、この界隈にはいきづいている、と。

8 建物の外観 だれのもの？

青木 淳
２０２０年7月5日

前回、井上さんはコロナの外出自粛で、日本人の「集団の和」が強調されていることに着目。そうは言っても、日本のビルは形や色がバラバラで、街は調和などおかまいなしじゃないか、と書いていました。では、なぜか――。井上さんが投げたボールを、青木さんが打ち返します。

ときどき、建築を学ぶ国内外の学生が、設計案を見せにやってくる。この前は、フランスの学生が、都市住宅の案を持ってきた。

悪くない。しかし、内部空間が画期的なのに比べて、外観がおとなしく退屈なのがもったいない。少なくとも近代建築以降では、見てくれは実体を伴わなくてはならない、という倫理観があるけれど、と指摘したら、内部空間は住み手の自由ですが、外観は街のものです、と返してきた。都市空間を部屋に見立てれば、ひとつの建物の外観はその壁の一部を成すもので、そこまでは都市の領分、建築が始まるのは外壁の内側から。この感覚は、内外合わせてひとつの建築で、そんな建築が集まってできているのが都市という、私たち日本人の感覚とだいぶ違う。

いや、じつは日本でも、昔はそうではなかった。古来、町《ちょう》と呼ばれる、自然発生的に生まれた共同体があった。それが近世の京都でも、町奉行ができ、町は自律性を残したまま、行政の末端機構に組み込まれた。町人のしきたりが、「町式目」として明文化された。町家の「表構え」のデザインも、事細かく決められた。こうして町は、町ごとにひとつの統一された顔を持つようになった。「町並み」という言葉がよく使われるようになったのも、その頃のことだ。そこでは、建築の外観は、個々の建築にではなく、町に属していた。

ではその後、西欧と日本で異なる歴史をたどったのはなぜか？　私は、二つのことが大きかったと思っている。

ひとつは、西欧の都市建築が石造で、階を重ねるつくりだったこと。ひとつの建物に多くの家族が住んでいる。それぞれの居住空間から一歩出れば、皆のものだ。その共有部が階段から外の道にまでつながっている。そこから、建築を通り越して都市に住む、という感覚が生まれてきたのではないか。一方日本の町家は木造で、たいていが2階建て。別の家族が積み重なって住むことはまずない。土地と家族が住むところが一致している。都市に住んでいるというよりは、やはり自分の家に住んでいる感じだ。

もうひとつは、日本では人々が郊外に住むようになったこと。都市では昔は、下に店を構え、上に居住する世帯が多かった。町は、顔を見知った人たちが共存して生きていく場所だった。それが、仕事場と住まいを分けるようになって、コミュニティが希薄になった。都市という概念は、共同体意識の上に育つもの。その地に住まなくなると、町への帰属意識はなかなか育たない。

日本の町がバラバラな建物がひしめき合うカオスになったのは、たぶんこんな経緯があってのこと。そうして、皆が自由に振る舞って、とはいえ、似た者同士が集まっているので、バラバラだけれど、地区ごとにまとまった個性をもつ、興味深い都市になっていった。それは、上からの統制が利かない自律的な町、でもあった。

が、このところ、東京を中心に日本中、再開発が進み、雑然とした界隈が、スッキリと清潔な街区に変わってきた。広場のようなオープンスペースもずいぶんとできた。町に統一感が戻ってきた。しかしこの景色、どこかで見たことがある……。ああ、これは、100年近く前に、近代建築が思い描いた理想の都市だった。そう気づいたのは、じつは最近のことである。

町は今、似た者同士のおしくらまんじゅうではなく、大規模資本が統《す》べる統一体になってきた。そうなってはじめて、近代建築の夢がようやく実現されてきた。とするならば、これを近代化の成功と見ていいのかどうか、なかなか悩ましいところである。

9

感染症の恐怖　神だのみの心

井上章一
2020年7月19日

コロナ禍のため、本来疫病退散を願って行われる祭りまで中止になってしまいました。今回は、井上さん。日々の散歩のなかで、これまではしなかったふるまいに出ているそうです。疫病が人の心にもたらす作用とは――。

京都の祇園祭は、かつて祇園社とよばれた八坂神社の祭礼である。そのハイライトは、なんと言っても街でくりひろげられる山鉾《やまほこ》の巡行であろう。今までは、これを見るために、全国からおおぜいの人びとがあつまった。近年は、外国からやってくる見物客もめだつようになっている。しかし、今年の夏はこれが中止されることになった。

今は日本中が、そして世界も新型コロナとよばれる感染症におびえている。その蔓延を助長しかねない催しは、つつしまなければならない。いっぽう、山鉾のページェントには、毎年数十万の人がむらがってきた。挙行をすれば、感染拡大の勢いを増幅させかねない。中止の決定は、妥当な判断であったろう。

ほんらいは、疫病退散の願いをこめておこなわれる行事である。しかし、現代的な科学の目でながめれば、いやおうなく感染の温床としてうつる。疫病をしりぞけようとする祭礼が、かえってウイルスを活性化させてしまう。皮肉と言うしかないそんな構図も、うかんでくる。

とはいえ、八坂神社に厄除《やくよ》けの粽《ちまき》を注文する人は、例年よりふえている。氏子だけのいとなみである千度詣《せんどもうで》も、今年は一般へむけて門戸が開放された。来社できない人のために、疫病退散の祈禱《きとう》がなされているとも聞く。コロナ禍のさなか、同社にたいする世の期待は、まちがいなくふくらんでいる。感染におののき、神へすがろうとする人は、けっして少なくない。

くりかえすが、祭礼のパレードめいた部分は、今年になって中止を余儀なくされた。しかし、御本体の神事じたいは、以前にもまして強い輿望《よぼう》をにないだしている。感染症へのおそれは、神だのみの精神をもあおりたてているようである。

私事にわたるが、私は京都の南郊でくらしている。散歩のコースぞいには、神社も点在するエリアである。もうしわけないことだが、私は社殿へたちよっても、ほとんど手をあわせない。例外的に阪神タイガースのことを祈願するのが、関の山であった。少なくとも、これまでは。

しかし、そんな私が、今年にかぎりコロナウイルスの収束もねがっている。阪神以外のことで、二礼二拍一礼という所作におよんだりもした。宗教心はうすいと思っていた自分に、意外な心の動きを見いだしている。こわい病気は、けっこう人の宗教感情をかきたてるものだなと、痛感する。

阪神と関係のないことをいのれば、阪神が勝運に見はなされる。そんな不安が、私になかったわけではない。それでもコロナよたちされと、念じてきた。今年の阪神が出足でつまずいたことをそのせいだとは、さすがに思わない。まあ、虎一筋の人は、このことで私をなじるかもしれないが。

周知のように、14世紀のヨーロッパではペスト、黒死病が流行した。全人口の3割以上が、そのためにうしなわれたらしい。さらに、この災禍はヨーロッパの近代化をうながしたと、しばしば語られる。

いわく、既成の宗教、キリスト教は伝染病を克服することができなかった。いくら神にいのっても、人はどんどん死んでいく。その現実を前にして、ヨーロッパの人びとは宗教が非力であることをかみしめた。この絶望が、科学精神をはぐくんだのだと、しばしば歴史の読み物は論じている。宗教からの解放という時代精神は、ペスト後に起動したのだ、と。

しかし、私は非科学的であることもわきまえつつ、神だのみの気持ちをめざめさせてきた。八坂神社の厄除けも、世間では例年以上に重宝がられている。ペストをめぐる今のべた歴史語りには、疑いの目をむけだしているところである。

10 災害の光景 日頃から想像する

青木 淳
2020年8月2日

近年、豪雨が各地に大きな被害をもたらしています。前回、井上さんは厄災への「神だのみ」を書かれていました。今回は青木さんが公共ホール設計の体験から、避けることのできない災害への向き合い方を提言しています。

今年（2020年）の梅雨は激しかった。異常気象がここまで毎年のように続くと、もはや、災害はやってくるかもしれない、ではなく、やってくるもの、と覚悟しておかねばならない。異常が常態ともなれば、それはもう「通常」であって、災害が起きていないのはたまたまの幸運、と思って暮らしているほうがずっと安全な気がしてくる。

2011年も災害が多かった。3月に東日本大震災、9月には、紀伊半島を中心に記録的な豪雨にみまわれた。

その秋、広島県の、中国山地の中央部に位置する三次《みよし》市で、新しくつくる市民ホールの設計者を選ぶ設計競技があった。私のアトリエも応募した。

三次は盆地にあって、江《ごう》の川、馬洗《ばせん》川、西城《さいじょう》川の三つの川が合流するところに形づくられた町である。当然のことながら、水害の危険がある。1972年には、川が氾濫して、市街地が床上浸水する大被害を経験した。ハザードマップを調べると、建設予定地は、5メートル以上の浸水可能性、とあった。

となれば、建物本体をその高さまで持ち上げておかなければ、とまずは考えた。そうして生まれる施設下の空間は、屋根つきの広場になる。大きな公演があるときには、大駐車場としても使えるはずだ。

もっとも、先立つ計画に、そんな想定はない。だから、そのための予算も見込まれていない。しかし工事費をざっと弾いてみたら、やりくりしてなんとか納められるギリギリのところ、と算段がついた。2014年の秋、柿落《こけらお》としに漕ぎ着けることができた「三次市民ホール　きりり」である。

「あたり一帯が腰の高さまで浸水」、とメッセージが届いたのは、2018年7月7日、未明のこと。慌てて、その三次の友人と電話で話して、ホールが一時避難所になっていることを知った。建物を上に持ち上げていたので、ホールへの甚大な被害は避けられた。公式には、緊急避難施設として位置づけられていなかった。それでも周辺の人たちが逃げ込める「高台」になった。夜が明ける頃までには、202人もの人が避難していた。災害はやはり、やってくるもの、だったのである。

洪水と言えば、私は、幸田文の「川の家具」（『雀の手帖』新潮文庫〈1997年〉に所収）を思い出す。「十四、五」の頃とあるから、1910年代の記憶を綴った小文である。昔は、美しく楽しかった隅田川。しかし、それはまた、洪水となって、「腹を立てているような」恐ろしい形相を見せる川でもあった。泥濁りの急流のなかに、家具や造作の類が翻弄され、流れて来る。すると、彼女のほうも「平和とだんらんを流して行きやがった！」とおこったもの、と述懐されている。隅田川を、優しくもあり暴れ狂いもする、人と共にあった生き物と捉える感覚が、そこには、まだそこはかとなく漂っていた。

しかし東京の下町は、もうその頃には、氾濫を許容するには人口が増えすぎていた。隅田川流域を守るための分岐水路、荒川放水路が、1924年に通水している。隅田川流域はもう、洪水があってはならない土地、になっていたのである。とはいえ、その荒川放水路とて完璧ではない。想定以上の増水があれば、濁流は堤防を乗り越え、氾濫しかねない。その危険は、この放水路が正式に荒川の本流と指定された今も、変わらない。

少々のことでは決壊しないよう、補強することは大切である。しかし、それでも災害のリスクはゼロにはならない。だとすればせめて、災害のときの光景を、目の前の今の世界に重ねる想像力を、日頃から養っておく必要があるのではないか。新型コロナウイルス、豪雨と、災害続きの今年、改めて思い直している。

11

失われた桂離宮の原風景

井上章一
2020年8月16日

毎年のように、水害が日本各地を襲う時代をどうとらえればよいのか。前回、青木さんが災害リスクへの想像力を問いかけました。今回、井上さんは建築史の側から京都・桂離宮と桂川との関係をさかのぼり、近代的な治水により失われたものに思いをはせます。

桂離宮（次頁の写真参照）は、京都の西郊、桂川ぞいにいとなまれた。桂橋西詰のすぐそば、西北に位置している。川の水が大雨であふれだせば、累のおよびかねない立地だと思われようか。

桂離宮　©読売新聞社

増水の可能性には、桂離宮の施主もおびえていた。そのため、書院や御殿の床を高くもちあげている。現代建築のピロティをほうふつとさせる姿に、形をととのえた。水害から建物をまもろうとする意志が、モダンに見える形をもたらしたということか。

できたのは17世紀の前半から半ばにかけての頃である。最初は、八条宮《はちじょうのみや》という宮家の当主が、別荘として設営した。さきほどのべた大水の被害をさける工夫も、彼のアイデアであったらしい。桂川の氾濫がもたらす水位の上昇を計算にいれた設計だと、言われている。

しかし、桂川は桂橋より、ずいぶん低いところをながれている。あの水流が桂離宮の高さにまでとどくとは、思えない。また、離宮の東側、河川敷との境には、堤が高くきずかれている。この現状を見た人は、床を高くした書院などの様子に、いぶかしがるかもしれない。あそこまで、水をあやぶむ必要はなかったろう、と。

この疑問は、治水事業史の本をひもとくと、氷解する。桂川は、明治以後川床がほり下げられた。水害がひろがらないよう、水位が低くおとされている。そのせいで、今は桂離宮を桂川の水がおそう心配も、なくなった。だが、治水以前の時代は、そういうわけにもいかなかったのである。

離宮庭園の中央には、池がある。そして、この池は、当初水面が桂川と同じ高さに設定されていた。のみならず、池と川は水路でつながっていたのである。池へ船をうかべれば、そのまま川へこぎだせる庭になっていた。じじつ、創建当初の当主たちは、そんな船遊びをたのしんでいる。

川の水があふれれば、同時に池の水位も上昇する。池をかこむ建物に水がついてしまう危険性は、じゅうぶんあった。書院などの床を高くしつらえたのも、見てくれのせいではない。床まで浸水する事態はさけたいと、本気で思っていたのである。

まあ、船で池と川を往復する遊興をあきらめれば、こういう配慮はいらなかったろう。敷地全体へ盛土をして、もうすこし高い場所に庭や建物をもうける手は、あったと考える。しかし、創建時の当主は、書院の前にある池から川へのりだす趣向に、こだわった。氾濫もありうる川だが、それでも川とともにありたいと、ねがったのである。

近代の河川改修、治水工事をへた今日、そんな桂離宮の姿は、しのびづらくなっている。今は、すっかり川からきりはなされた。川へむかう船遊びもありえない。離宮は周囲から隔絶された別世界になっている。

くりかえすが、ほんらい池と川は、たがいにつうじあっていた。そのため、治水で川床が下げられるにしたがい、池の水位も下がりだす。一時期は、池水が地中にしみこみ、池から水が消えたこともあった。昨今の池水は、ポンプでくみあげた地下水でしかない。池としての体裁は、ようやく人工的な手立てでたもたれていることになる。

かつての池は桂川の水でみたされ、水面もすきとおっていた。だが、今はよどんでにごった池になっている。池底に泥がたまったせいである。しかし、これをさらえてしまえば、水がもれて池は空になる。そのため、泥の洗浄にはふみきれない。往時の透明感がある池は、もうもどってこないと言われている。

人びとの安寧をねがう治水工事が、桂離宮の原風景をだいなしにした。このことを、なげく必要はない。水害対策の充実は、よろこばしい近代の成果であったろう。ただ、離宮の様変わりをかみしめるのみである。

12

文化交差の渋谷 「谷底」の特性

青木 淳
2020年8月30日

第6回で、自転車で事務所に行った青木さんは、豊かな自然の起伏と人の営みのあわいに東京という街の豊かさを感じる、と述べていました。今回、焦点を当てるのは開発が進む渋谷の街。特殊な地形に応じた発展を遂げ、独自の文化が生み出されました。

このところ、東京・渋谷駅は、ずっと工事中。行くたびに動線が変わって、戸惑うばかり。

渋谷は、地名どおり、谷にある。渋谷川が流れ、そこに宇田川など支流が流れ込む。渋谷の町は、合流地点を中心として、放射状に発展してきた。起伏は複雑。襞《ひだ》が深い。

鎌倉時代から、渋谷川に沿って、東北へ向かう街道が通っていた。江戸時代には、それに直交して、谷越えの街道、大山道が貫いた。都心側から谷に下りるのが宮益坂、近郊に向かって上るのを道玄坂。どちらもかなりきつい坂で、高低差は約20メートル、建物の4、5階分にあたる。これら二つの街道は、谷底で交差した。

谷底という、ただでさえ水や人が流れ込むところに、さらに鉄道という電車の流れが集まり出したのが、100年あまり前のこと。これら多岐にわたる流れを、谷底という一点において、受け止め、かわし、制御しなければならない。この難問に応えてつくられたのが、渋谷駅という都市空間である。

流れを立体交差させ、町を重層化させる。渋谷駅が出した回答である。画期的だった。立役者は、五島慶太《ごとうけいた》が主導する東急電鉄である。

まず1934年、7階建ての東横百貨店（後の「東急百貨店東横店東館」、2013年に取り壊し）が、東急東横線終着駅ホームを受ける形で、建てられた。町の谷底に、白い近代建築のボックスをひとつポンと置き、そこに鉄道客の人の流れを貫通させた。これが最初の一手。

次に1938年の玉電ビル（後の「東急百貨店東横店西館」、2020年3月営業終了）。こちらは、今の東京メトロ銀座線を3階の高さで、谷地に直交させ、それをそのままビルに貫通させるというもの。地下を走ってきた銀座線が、谷の中腹で地上に頭を出し、高架で道路を渡って、ビルに吸い込まれたところをホームとする。さらに貫いて、宙を跳び、車庫に至らせる。谷底でなければできなかった未来都市の風景だ。渋谷駅が、1階、2階、3階と、鉄道が立体交差する結節点として、明確に組織されたのはこのときである。

以来、谷地形を利用したこの立体都市化が、駅を越え、周りに広がっていく。1956年、東急文化会館開館（2003年閉業）にあわせて、2階コンコースが、宮益坂方面に跨線橋《こせんきょう》となって延長され、そのまま、外の道につながった。そのものはもう再開発事業でない。それでも、動線だけは、「渋谷ヒカリエ」内に取り込まれた。道玄坂方面では、2000年竣工の「渋谷マークシティ」において、駅内で4階に上り、そのまま進むと道玄坂上に出られるようになった。谷に降りず、谷を横断する道がそのまま建築化された、と言ってもいい。駅舎からはじまった動線の立体化は、こうして、町の動線を再編するまでに育ってきた。

80年ほど前に完成した基本的骨格に、度重なる調整と、接ぎ木と、切除が加えられてきたのが、今の渋谷駅の姿だ。しかし、それも限界。そう決断されての、基本的骨格にまで及ぶ大改造である。淀んだ流れをスムーズに流す。襞《ひだ》を延べ、見通しをよくする。完成は202

7年と聞く。

渋谷には、独自のカルチャーが育った。良かれ悪しかれ、がんじがらめの世間を逃れるアジール（公界《くがい》）だった。もともとが谷底という地形だったこと、それを利した人工の立体構造が被されたこと、そのつくりの上で、行き当たりばったり、使い倒し続けてきた、人のたくましい営みがあったこと。だからこそ、襞は深まり、淀みが生まれ、破天荒な種々雑多をその特徴とする特異な町になった。

水清ければ魚棲《す》まず。その故事の上を行く。いま、渋谷は、そんな大きな挑戦の最中にある。

13

脱レジ袋とマスク廃棄の皮肉

井上章一
2020年9月6日

新型コロナウイルスは身の回りの空間を大きく変えつつあります。井上さんは自身、所長を務める国際日本文化研究センターでも感染拡大に対応し、変化を余儀なくされました。環境への負荷から処分方法が問題となっていた合成樹脂が、今や皮肉にも役に立っていないか、と考察します。

アクリルの透明パネル（次頁の写真参照）を、街で見かけることがふえている。役所や銀行などの窓口では、それがふつうになってきた。もちろん、新型コロナとよばれるウイルスの感染を、ふせぐためである。パネルの両側でむきあう人びとを、たがいの息がかからぬよ

飛沫防止のため、会議室に設置されたアクリル板
©中央公論新社

うに遮蔽《しゃへい》する。だが視線だけは、さえぎらない。そんな状態をたもつことが、これには期待されている。

私の職場でも、フロアーのあちこちへこれをおくようになった。感染防止に、どれだけの効果があるのかは、正直なところ不明である。だが、何も対策をこうじないというわけにも、いきにくい。藁《わら》にもすがるような想《おも》いで、と言えばパネルにもうしわけないが、設置へふみきった。

たよられているのは、アクリルだけにかぎらない。街では、ビニールのカーテンも、目にする機会がふえている。たとえば、スーパーマーケットやコンビニの窓口で。あるいは、タクシーの運転席と後部座席をさえぎる、遮蔽用の幕としても。

ここしばらく、われわれはウイルスにおびえ、つましくくらしてきた。おかげで、経済的な活力をしめす諸指標は、おちこみがいちじるしくなっている。倒産においこまれた企業も、少なくないと聞く。ただ、いくつかの例外はある。アクリルやビニールなどの合成樹脂をあつかう会社も、その口であろう。それらは、好況をむかえていると思う。

以前から、プラスチックごみの弊害を糾弾する声は、年ごとに高くなっていた。ペットボトルの回収と再利用をけちくさいとなじる者は、まずいない。ドリンク用のストローを紙製品へかえるような試みが、脚光をあびたりもした。魚の体内から合成樹脂の断片が検出される。しばしば見せられるそんなテレビの映像も、われわれを暗くさせたものである。まあ、アクリルのパネルが海洋のごみになることは、ないだろうけど。

いずれにせよ、新型コロナウイルスの蔓延は、あらためて有機素材の利便性を思い知らせた。とにかく、使い勝手がいい。いかようにも、加工することができる。おまけに、値段が安い。それこそ、使い捨てられるような価格で流通している製品も、たくさんある。プラスチックは化学工学の粋をあつめた、その精華だと、かみしめる。

そう言えば、マスクにも、合成樹脂でできた繊維が利用されている。あれは、連日の交換を余儀なくされる品物である。何日も、同じ布で鼻や口をおおうわけにはいかない。われわれは、マスクという、ひろい意味でのプラごみを、毎日だしている。

医療用の防護服も、もちろん合成樹脂製品である。感染症が第一の波をむかえたころに、その品不足が喧伝された。新しい防護服が、なかなかとどかない。そのため、使用ずみの服を、いちいち洗いなおして使い廻すクリニックがある。そんな医療界の窮状を、たいていの人はこまったことだと、心配した。

そして、痛感したのである。防護服は、そのつど使い捨てられなければならない。消耗品として処理される必要がある、と。けっきょくは、プラごみとしてあふれだすかもしれないのに。

あるいは、フェイスシールドも……。いや、もうやめよう。同じ議論のくりかえしになってしまう。とにかく、われわれは有機化学の成果にたよって、今日を生きている。

今年（2020年）の7月以後、日本社会はスーパーマーケットなどのいわゆるレジ袋を、有料化した。有機化合物でできた袋がごみとなり、放出されることをふせぐためである。そのいっぽうで、使用ずみマスクの大量廃棄は、容認しなければならなくなっている。レジ袋への処遇が、私にはそのことへの罪ほろぼしめいてうつるしだいである。

14

代々木公園 景の無限パズル

青木 淳
2020年9月20日

新型コロナウイルスの感染拡大が生活に影響を及ぼす中、青木さんは東京・代々木公園に通うようになったそうです。毎日のように通っているのに、飽きないのはなぜか。その理由を解き明かしながら、厄災の時代を生きる私たちにとって必要なこととは何かを考察します。

この連載が始まった2020年4月頃、新型コロナウイルスが猛威を振るいはじめた。代々木公園に通うようになったのは、それ以来のことである。

いや、よくよく思い出してみれば、公園は、3月の終わりからしばらくの間、閉じていたのだった。おそるおそる出かけて行った、閉鎖解除の日のことを、遠い昔のことのように、思い出す。駐車場は、ゴールデンウィーク過ぎまで閉鎖されていて、空っぽ。来園者は、歩いて来られる人たちにほぼ限られていた。「不要不急の公園利用は控えるよう」、呼びかけられてもいた。

家に閉じこもってばかりいれば、運動不足になる。だから、散歩やジョギングは必要なこと。「不要不急」でない公園利用とは、そんな使い方のことを指していたらしい。公園は、まずは、歩いたり、軽く走る場所として、再開されたのである。

毎日のように、公園まで歩いて行って帰ってきて、それでも、飽きることはないことに、そのうち気がついた。都心に近い割には、大きな森林公園である。とはいえ、限られた領域ではあるから、コースはどうしたって決まってくる。それでも飽きない。どうしてなのか。

ひとつには、公園の同じ要素が、角度を変えて、異なる景として、何度も視界に入るからである。有限個の要素でも、組み合わせを変えれば、ほとんど無限の景をつくりだせる。1足す1が3以上になる、要素の賢い使いまわしがなされている。

それが可能になるためには、遠くまで見通せることが肝心である。深い奥行きがあってはじめて、公園のさまざまな要素が視界の中で組み合わさることができる。防犯上の配慮からだろうか、木々は、目の高さあたりの下枝が払われている。結果、近景、中景、遠景が重なりあう。そのことが、この公園の景を豊かにしている。

公園が単一の要素からできていないことも、大切である。どこを見ても同じなら、飽きる。しかし、歩くにつれ、次々と新しい景物に出くわすようにできている。場所ごとに、木々の樹種が違う。そのたびに気分が変わる。ときに、見事な枝振りの大木がある。下草が刈られていたり、そうでなかったり、また踏み歩くことができるくらいに、雑草が浅く生えていたり。そのバラバラさに、全体を統べるストーリーはない。そこを歩くことは、一篇のすぐれたエッセイを読むのと似ている。

とはいえ、文体の統一がある。つまり、景の構図に基本的なトーンがある。目の高さで抜けたその先に、大きく水平に広がる光溜《た》まりが浮かぶ、という構図に、何度となく遭遇するのである。視界の下側には、地面という近景の水平面、上側には木々の葉叢《はむら》という、やはり近景の水平面がある。その上下の暗がりの水平面を切り裂くように、真ん中に光の水平面が現れる。公園中央に大芝生の広場が設けられているからである。大雨のときでも、大芝生は眩《まばゆ》く輝いている。

景のこうした拡散と統一。これはけっして自然が為したものではない。逆に、きわめて人工的。そもそもの計画があり、さらに人が、その場その場の景をしっかりと確認しながら、丹念に、しかしやりすぎないように、手入れをし続けなければ、こうはならない。

完全な作為である。しかし演出的でもなく、キザったらしくもなく、自然に見える。崩れそうなそのバランスをかろうじて保っていることに、舌を巻く。何があるわけでもない。ただ歩いていて、たのしく、飽きない。

そんな空間が身近にあることが、生きるのには不可欠。厄災の時代に、そのことに改めて気づかされている。

4章

［論考2］

さまざまな声が響き合う空間を

コロナ禍とダニッシュ・モダン

青木 淳

可能性の宝庫としての大戦間

夏至の夕べ、6人で、公園の傍にある山荘風の家に集まった。傍というより、公園の内と言った方がいい不思議な土地である。

こんなところに個人の住宅をつくっていいのだろうか。

集まった皆それぞれ、職種が違う。コピーライター、料理人、大学の教授、投資家、キュレーター、それと建築家の私。討議をしようというわけでもない。とくだんの話があるわけではない。ならば、呑み会かと言えば、そうでもない。もちろん、新型コロナ禍のさなかだからということもあるが、供されたのは個装のパンとコーヒーだけ。

呼びかけたのは、コピーライターの友人である。何年か前に引っ越して、必要な家具を最初は自作していたのが、あるとき銀座のお店で、「これは作れそうで作れない」と気に入って、買ったのがボーエ・モーエンセンのテーブルだったと言う。

モーエンセンは、ダニッシュ・モダン（デンマーク・モダンデザイン）の先駆者の一人である。1942年にデンマーク生活協同組合連合会FDBに家具部門ができたとき、初代主任を務めた。裕福な層のための家具ではなく、誰もが買える値段の、丈夫でシンプルで美しいテーブル、デスク、チェア、照明などをデザインした。今、私たちの周りに溢れている量産家具の元祖、と言ってもいい。いや、量産をめざしたと言っても、ディテールは楽ではなく、技能をもった職人が時間をかけて丁寧に作らなければできないものだし、素材も選び抜かれている。今では、量産とはほとんどファスト、つまり大量消費財と同義になってしまったが、かつての規格化という思想には、それとは異なる肥沃な領土が広がっていたのである。

モーエンセンと同い年の家具デザイナーにハンス・ウェグナーがいる。モーエンセンは1938年から41年まで、ウェグナーはその直前の1936年から38年まで、コペンハーゲン美術工芸学校の家具科で、デザインの勉強をした。通った時期には若干のズレがあるが、2人はこの頃に知り合い、生涯の友になった。

彼らは、この学校で、体の寸法や動きを分析し、そこから科学的に、人間にフィットする家具を導き出すことを習った。その一方で、昔から使われてきた椅子を現在の目で改良することの大切さも習った。つまり、機能的・合理的なアプローチと過去とのつながりの両立を身につけた。教えていたのは、この学校の家具科が1923年に創設されて以来、責任者を務めていたコーア・クリントである。

第一次世界大戦と第二次世界大戦に挟まれたこの時期、ヨーロッパのあちこちで、従来の世界を刷新して新しい世界をつくろうとする機運が高まっていた。

ロシアでは、1917年のロシア革命を経て、社会主義国家という未曽有の制度にふさわしい未曽有の世界を構想しようと、のちにロシア・アヴァンギャルドと総称されることになるクリエーターたちが活躍していた。

オランダでは、デ・ステイルのグループが、具象世界から単純な形と原色による抽象世界へ移行を試みていた。

ドイツでは、バウハウスが1919年にヴァイマルに開校し、デッサウに移転する1925年くらいからは、徹底的な機能性・合理性が漲《みなぎ》る世界を探究するようになっていた。

フランスでは、曲線を多用した有機的なアール・ヌーヴォーは過去のものとなり、幾何学的なアール・デコが流行していた。機械時代を迎え、その変化を感じ取って生まれた装飾様式だった。

いずれの地域でも、その変革運動は、絵画や彫刻など、「芸術」のなかだけに留まるものではなく、私たちの日常、現実世界そのものの変革をめざしていた。向かおうとしている方向は、かならずしも反目するものではない。しかし、その具体的内容は、まるで、と言っていいくらいに違っていた。だから、それらが生み出し、育っていく先にあるはずの未知の世界もまた、大きく異なっていた。

あちこちに芽生え育ち始めたこれらの種は、第二次世界大戦を経て、あるところでは交配し、あるところでは途絶え、ほぼひとつの種に淘汰《とうた》されていった。私たちが今、モダニズムという言葉で思い浮かべるのは、その淘汰された後の世界のことであって、そこに立って振り返ってみれば、かつてあった多様な動向が林立していた混沌も、主流と傍流とに腑分けできる整序世界だったように、ついつい見えてしまう。

しかしもちろん、ブラジルの1匹の蝶の羽ばたきが、めぐりめぐって、テキサスで竜巻を引き起こすように、偶然の歯車がひとつ違っていただけでも、今の世界は別の世界になってしまっていたはず。

その意味で、第一次世界大戦と第二次世界大戦に挟まれた時代は、実現せずに可能性だけに留まったまま眠っている、多種多様な未知の世界の種子が詰まった宝庫、と言ってもいい。

陰翳と集い

友人のコピーライターは、会合に、5台ほど照明器具を持ってきていた。その照明を、家のあちこちに置いたり、吊るしたりして、あかりを灯した。部屋全体を煌々《こうこう》と照らすような照明はひとつもない。机の手元を静かに照らすテーブルランプ、幾重にもシェードの重なった小さなペンダント、紙でできた行灯《あんどん》のようなフロアライト、などなど。

照明の位置を変えると、空間が変わる。縁側には、フロストガラスのランプがいいだろう。庭の緑の手前にあって、光を涼しく放ってくれる。下に向かってまっすぐに光を落とすペンダントは、遠目には仄《ほの》かなあかりのかたまりで、部屋の真ん中よりも、片隅に吊るすのがいい。アンバーガラスのスタンドは、せっかく持ってきてくれたものの、どこに置いてもうまくいかない。そもそも、光の色が暖炉を思わせて、冬ならいいだろうが、夏には無理だった。

照明の配置と光の強弱をあれこれ、皆で試す。集まって小一時間、そんな検討が続いて、ようやく落ち着いて、あとは静かに光を眺めながらの雑談。仄暗いから外も見える。日はとっぷりと暮れ、光は、もはや人も通らなくなった公園に灯る街路灯と部屋の光ばかり。どこまでも陰翳《いんえい》が広がる月夜だった。

距離を置いて座って、皆がくつろいでしゃべっている。雑談が、いつのまにか真剣な相談になり、また潮が引くように、雑談に戻る。傍から見れば、まるで盛り上がっていない会合だ。しかし、それぞれの頭のなかでは、いろいろなことが高速度でまわっていて、それぞれに、愉しかった。

モーエンセンとウェグナーが通ったコペンハーゲンのカフェの夜も、こんな感じだったのではと、ポール・ヘニングセンのPH lamp 4/3 copperに照らされたテーブルを見ながら、思った。彼らがイメージしていた新しい世界は、大勢が集まって熱狂する世界ではなかった。それぞれの生をまっとうに生きるそれぞれが、ときに集まってゆったりと時を過ごす。そんな小さな単位のさまざまな集いが、密集してではなく、あちこちに散らばって明滅する世界としての都市。ポール・ヘニングセンの照明は、そんな陰翳世界を成り立たせるひとつの小道具としてイメージされ、デザインされたのだった。

陰翳と言えば、「もし日本座敷を一つの墨絵に喩えるなら、障子は墨色の最も淡い部分であり、床の間は最も濃い部分である」という文が見える谷崎潤一郎の「陰翳礼讃」が思い出される。初出は1933年、日本ではすでに陰翳は失われつつあったようで、谷崎は、嘆きながらもう「やり直す訳に行かない」と、諦めている。ちょうどデンマークで、ポール・ヘニングセンたちが、陰翳を愉しむ照明をデザインしはじめていた頃である。

「陰翳礼讃」は、陰翳を尊んだ精神について、多くを「説明」してくれる。しかし、その文章はけっして陰翳を含んでおらず、同じ年代であれば、「春琴抄」や「蘆刈」の組み立てやその文体にこそ、陰翳は具現されている。同じく随筆であれば、少し後の49年に発表された「月と狂言師」の文章の方にずっと陰翳が差す。言葉が指し示す物事はくっきりとしているのだが、それを語る「私」もまた、言葉が指し示す物事のひとつとして、文章の網目に組み込まれている。その重畳《ちょうじょう》が、語られる出来事をとらえどころのない夢か幻のように思わせるのである。「陰翳礼讃」が説明する陰翳とは、間接光、つまりポール・ヘニングセンが完成させた照明のような、光の反射が重畳する世界であった。

われわれは、それでなくても太陽の光線の這入りにくい座敷の外側へ、土庇を出したり縁側を附けたりして、一層日光を遠のける。そして室内へは、庭からの反射が障子を透してほの明るく忍び込むようにする。われわれの座敷の美の要素は、この間接の鈍い光線に外ならない。

「月と狂言師」は、随筆文学としての陰翳のひとつの達成であるが、描かれるその舞台もたしかに陰翳世界で、京都南禅寺の金地院《こんちいん》、十五夜の月見をかねた、狂言と小舞の会である。陰翳の喪失を嘆く谷崎だったが、少なくとも彼の周辺には陰翳は残っていたのである。

陰翳が世の中からほんとうに駆逐されたのは、戦後、所得が増すことがすなわち生活の豊かさになったことと軌を一にする。そして、ますます漂白されピカピカになった街で、皆が同じことを楽しむようになり、それがまた経済の回転を加速させるようになり、その循環そのものが1980年代のバブル時代には目的化した。その狂騒を経てもなお、そのメンタリティばかりが残り、空回りし続けるこの世の中に、突如、コロナ禍が襲来したのだった。

コロナ禍は、厄災以外のなにものでもない。しかし、そこにもし、少しでもポジティブな事柄を探すとすれば、1930年代に遠くに蒔かれた種子が、時代を経て突如、この日本で芽生え始めていることが挙げられるかもしれない。あるいは、日本でも少なくとも特権階級にはかつてあった世界が、都市中に広がる可能性を挙げることもできるかもしれない。

フィジカル・ディスタンスがもたらした、思いがけない副作用ではある。しかし今、それが一挙に私たちを、ある側面では、第一次世界大戦と第二次世界大戦に挟まれたあの時代に差し戻しているような気がするのである。

ルイジアナ近代美術館に見る「チューニングの一貫性」

ルイジアナ近代美術館という美術館が、デンマーク最大の都市コペンハーゲンの郊外にある。

コペンハーゲン中央駅から北に向かう電車に乗って約30分、フムレベック駅で降りて、閑静な郊外邸宅地を15分ほど歩き、こんなところにほんとうに美術館があるのだろうかと不安になってきた頃に、見落としかねないほど慎ましいゲートが見えてくる。ごく自然な佇《たたず》まいで、周辺の街並みとなじんでいる。

しかし、前庭を通り過ぎて、蔦《つた》に覆われた小さな古い館に入れば、別世界。なにしろ、もともと邸宅であったこの旧館から始まって、増築に増築を重ね、規模が何十倍かになっているのである。

まず1958年に、旧館から北東の池に向かって延びるウィングが増築された。ジャコメッティの彫刻が常設展示されている有名な展示室は、このとき、池に正対する最高の場所につくられている。66年には、そのウィング根元あたり、旧館にほぼ接する場所に、企画展示室がつくられ、71年には、それが北西側に拡張された。76年には、ジャコメッティの展示室からさらに東に向かって延びた先に、カフェ・ウィングが増築された。道からはわからないのだが、じつはこの土地、東側が崖になっていて、その向こうには海が広がっている。その突端につくられたこのウィングは、だから対岸にスウェーデンを望む、すばらしい空間になった。

北東に延びていったこれらウィングに対して、1982年には、旧館から南東に延びるウィングがつくられた。旧館から少し階段を下りる。すると、廊下状の長いギャラリーが奥に向かって延びている。展示面は右側の壁面だけ。左側はガラスが嵌《は》まっていて、その向こうに緑が広がっている。床が地面よりも70~80センチメートルくらい低いので、海は見えず、見えるのは庭の緑ばかり。ギャラリーの先には、まとまった規模の展示室。住宅のスケールに近い親密な空間が、少しずつ雁行《がんこう》しながら東に迫り出していく。いちばん奥で、階段を何段か上ると、ほとんど海に突き出たかのような小さな空間に出る。

北東に延びるウィングの先端がカフェ、南東に延びるウィングの先端がこの小さな、ほとんど住宅の居間のような空間である。どちらのウィングの先端も、海をパノラミックに望む特別な場所として設計されている。

こうして、中央に旧館を置いて、直交して海に向かって延ばした2本の腕に抱き抱えられるように、海を正面にとらえた庭ができあがった。もとからの木々があちこちに立っている。芝生の庭の先は、途中で海になだれ込む斜面になっていて、眼下には静かな波が打ち寄せる砂浜が見える。彫刻があちこちに置かれている。

しかし、まだ完璧ではない。課題はある。というのも、南東のウィングの先まで行ってから、カフェに行くには、Uターンして、来たルートを戻らなくてはならないからだ。これが、いささか不便なのである。そこで、左右に延びて離れ離れになった2本のウィングの先端同士をつながないで、ぐるり一周できる回遊動線をつくることになった。

1991年、東の辺を形成する「グラフィック・ウィング」ができあがる。ここで、小さな館から始まった美術館の棟々が数珠繋ぎになって、輪が完成する。

もちろん、庭からのすばらしい景観は守りたい。グラフィック・ウィングはだから、地下化された。

増築、改装は、その後も続いている。

完成予想図が最初にあって、そこに向かってつくられていくのではない。目の前の状況と課題をよく吟味して、最善手を考える。その繰り返しの結果として、今の姿がある。機能的・合理的なアプローチと過去とのつながりの両立。それは、大戦間に始まるダニッシュ・モダンの良き伝統につながっている。

初手の、北東に向かう増築は、鉄とガラスの透明感あふれるモダンなつくりで行われた。ただし、天井には木、床には煉瓦を使い、キンキンに冷えたモダニズムとは違う、この地域に合った温かみが与えられている。

それが何手か先の、南東に向かう増築になると、同じくモダンとはいえ、箱の重なりという性格のデザインに替わる。もちろん、人工光による閉じた展示室を、といった与件があったからだろう。しかしその外観は、初手の頃の、柱、梁《はり》、床面、天井面などの建築要素を独立させた上で、それらを再度組み合わせていくという方向性ではなく、白い箱による構成という方向に、大きく舵が切られている。

ここでも研ぎ澄まされた抽象性に向かうのではなく、手仕事的な具象性というか、温かさが強調されている。箱の外壁は白く塗られているが、その下地が煉瓦積みであることがわかる程度の、微妙な甘さが意図的に選択されている。これは、初手の頃にも使われていた手法だったが、それをここで大きく拡張し展開している。内部空間も、「ホワイトキューブ」と呼ばれる近代以降の美術館の通例どおりにつくられているのだが、床、壁、天井という要素だけに還元され抽象世界への志向はない。たとえば天井は、ホワイトキューブに定番の「光天井」ではあるが、1枚のシームレスな発光面としてはデザインされていない。むしろ、白い織物生地を短冊状につかい、その継ぎ目を目立つようにして、この光天井がどういう成り立ちでできているのかを素直に見せている。しかも、その短冊状の生地には穴が開けられ、そこから丸みを帯びた照明器具が顔を出している。これは、ある意味では「光天井」というコンセプトを台無しにしてしまう禁じ手である。しかしそんなことも、堂々と行われている。終盤の一手の、グラフィック・ウィングでは、地下へと導入する地上上屋で、温室的というか船舶的というか、それまでなかった性格の空間が、唐突に付け加えられている。

できあがった全体を、振り返ってみれば、その場その場の、アドホックなその場限りの判断の積み重ねで、一貫していない。場所によってつくりが違う。考えてみれば、庭側にバルコニーを張り出したロマンティック・ネオクラシックの旧館が、そもそも異質な存在である。

しかし、ここまでバラバラなのに、違和感がない。ないどころか、居心地がいい。異なる調性の音が軋んだ不協和音を奏でるのではなく、逆に自然に聞こえる。

これもまたある種の一貫性と呼ぶのなら、いま響いている音を注意深く聞き分け、その音を気持ちよい方向に持っていくための手を丁寧に検討し試そうとする、そんな姿勢のなかにある一貫性だろう。その姿勢の持続が、バラバラであることの衝突や乱雑ではなく、バラバラであることの自由や居心地の良さを、結果的に生み出しているのである。

この一貫性を「チューニングの一貫性」と、私は呼んでいる。ラジオを聞くとき、ダイヤルを左右にひねって局を探す。雑音が聞こえる。どちらにダイヤルを回せばいいのか。右に？　それとも左に？　音の変化を注意深く聞き、ついに澄んだ音が流れる。終着地はあらかじめわからない。それは、コツコツと試行錯誤を繰り返し続けることの一貫性が結果として見つけてくれる。

一般的に、一貫性とは、目標を決め、そこから外れる雑音を排斥し、強度の高い純化した結晶体をつくるのをめざすことを指す。チューニングの一貫性は、それとは対極にある。

なぜルイジアナ近代美術館に人は集まるのか

ルイジアナ近代美術館は、大都市ではなく郊外の、地域住民のための美術館である。観光客をあてにしてはいない。扱っているのは1945年以降の作品で、戦後から現代までの美術をもれなく紹介し、継続的に収集しようとしている。展覧会は、常にいくつか、並行して開催されている。かならずしも「わかりやすい」展覧会ばかりではない。むしろ世界的水準で見ても、エッジの立った展覧会が目立っている。もちろん、大規模動員を狙ったブロックバスター展は行われない。

なのに、驚くほど、人が多い。休日だけでない、平日も賑わっている。

展示室では、若いカップル、中年の夫婦、おじいさん、おばあさんが、三々五々、展示に見入っていたり、作品を指差し話していたり、親が子供に解説していたりする。バギーを押している親たちもかなりいる。もちろん、押すな押すなの大盛況というのではない。しかし、皆が楽しそうにしゃべりながら、自分の家の居間にいるようにリラックスしている。

カフェともなると、ずっと密度を増して、ほんとうに大勢の人たちが、肩を寄せ合って、

ルイジアナ近代美術館　©青木淳

テーブルを囲んで、食べ、話している。カジュアルななりの、別々のグループの老若男女が隣り合って、くつろいでいる。

皆、ここで一日を過ごしている。

人々はこの美術館に、とりすまして、静かに、作品を鑑賞しに来るのではない。他人と居合わせ、また自分の知らない感覚に出会えるアートと居合わせる愉しさを与えてくれる空間に惹かれてやって来ている。

バラバラな人々がやはりバラバラのまま集まっていて、しかしギスギスすることなく、居心地がいい。その空間もバラバラのものがバラバラのまま、しかし微妙なバランスでひとつにまとまっていて、居心地がいい。

ここには、皆がひとつになって熱狂する幸せではなく、他の小さな集まりと居合わせる幸せがある。空間もそれにふさわしく、ひとつに純化される空間がめざされていない。建築とは、それがなければ形を持たない人々の生というナカミにカタチを与える器である。ルイジアナ近代美術館の空間は、人の振る舞い方についての、人々が無意識レベルで望んでいることの共有があって、初めて成立している。

ブロックバスター展が生まれる背景

ルイジアナ近代美術館のような光景は、日本の美術館の展示室ではまず見られない。作品の前で話し込んでいれば、きっと注意される。子供が走りまわれば、チッと舌打ちされる。展示をニコニコしながら見ていると、気持ち悪がられる。日本の美術館は、暗黙のルールを理解し、そのルールを愛する特定の層のための公共空間である。和を乱すことは許されない。いや、美術館に限らない、日本の公共空間にはおおむね、単一の層ばかりが集まっている。野球場には野球ファンばかりが、遊園地には子供連れの家族と若者ばかりが、ブランド街には買い物客ばかりが集まっている。

しかも社会には、そういう空間をより大きく強くしていこうという力が働いている。美術館だったら、展覧会への動員をより増やそうという圧力が働いている。だから、より多くの人にウケる内容の企画が立案され、実施される。そのために、世の中に潜在するより大きな層を見つけるか、つくりだすか、しようとする。その層の関心を鷲摑みするために、そこに行って楽しむための目的をはっきりさせなければならない。すると、動機づけられた人々が、同じことを楽しむために押しかける。そして、そこに集まる層が拡大するとともに、人々の同一性がさらに強化される。そのサイクルがエスカレートした末が、入場に何時間も並び、肝心の作品は人垣越しに遠望するばかり、といったブロックバスター展である。これもまた、バブル崩壊後もしぶとく残存する、経済のための経済を求めるメンタリティのひとつの現れである。

世の中が次第に同じ層ばかりになっていくこと、空間に単一のはっきりと名指しされる目的が与えられるようになっていくこと、その目的の効率的な遂行のために、空間が純化されていくこと、それらの常態化に、私たちは今や疑問を感じなくなってきている。「憩い」という、本来的に人それぞれでそのあり方が異なっているはずの役割をもつ公園のような空間でさえ、「賑わい」の創出を名目とした収益施設化をもって「質の向上」(国土交通省「都市公園の質の向上に向けたPark-PFI活用ガイドライン」（2017年、18年改正）と呼ばれるようになっている。

新型コロナ禍は、こうした流れに冷や水を浴びせた。緊急事態宣言が発出された都道府県では、美術館は休館が相次いだ。館が開かなければ、目標の入場者数には、とうてい届かない。開けられたとて、三密を避けるための入場制限があるので、大動員は望むべくもない。「稼ぐ」方向にエスカレートしてきた昨今の展覧会のあり方は、当面、立ち行かなくなった。いま、美術館はそのあり方をめぐって、模索中である。

コロナ禍の代々木公園で何が起きたのか

公園にも変化があった。公園に、ルイジアナ近代美術館的な人の振る舞いが現れたのである。

2020年3月末から東京都がお花見の自粛を求めて、いくつもの公園が立ち入り禁止となった。2週間ほど経って制限解除されたときも、「不要不急の公園利用は控えるよう」呼びかけられた。公園における不要不急の用というのがどんなことを指すのか、すぐにはイメージが湧かなかったが、家に閉じこもって行き詰まってしまった時の気分転換や、運動不足になってしまうのを避けるために公園を使うことは、「不要不急」には該当しなかった。よかった。

以来、代々木公園にはずいぶんと通うようになった。次第に、やってくる人も増え、賑わいが戻ってきた。しかしその雰囲気が、コロナ以前とは違っていた。

以前は、外国人が多かった。友達と何人かで連れ立って来て、芝にピクニック・シートを広げてビールを飲んでいたり、フリスビーをしていたり。日本人は、花見のときには大勢来るが、それ以外は、ジョギング、ドッグランなど、目的をもって来ている人が多かった。天気のいい日曜・祝日はともかく、平日だと空いていた。

それが平日も、若い人たちが大勢、来るようになった。ギター、リコーダー、ホルン、ヴァイオリンなど、楽器を持ってきて、何人かで音を合わせる人たちが、グループごとに「フィジカル・ディスタンス」をとって、木々の間に陣取っている。以前も、演劇の練習や、トランペットなど音の大きな楽器の練習にやってくる人はいた。でも、練習ではなく、自分たちの楽しみのために音楽をやるグループはいなかった。仲間でピクニックに来て、ビールを

コロナ禍中の代々木公園　©家村珠代

飲んでいる若者も増えた。子供を連れたママ友たちも多い。もちろん、デートのカップル、ひとりで来て本を読んでいる人、スマホをいじっている人もあちこちにいる。

花見は、日頃の鬱憤を吹き飛ばすように、酔い、ハメを外し、騒ぐための、外部空間をつかった宴会である。同一化を強いる場でもある。場所取りは、競争というよりは闘争。翌朝は、ゴミ箱から空缶、空瓶、生ゴミが溢れている。

それに対して、コロナ禍のさなか、代々木公園に生まれた三々五々の集まりは、いたって静か。騒いでいるのではなく、くつろいでいる。出たゴミも持って帰る。隣のグループの音は聞こえるけれど、それも含めて、居心地がいい。皆が知らない人たちと、たまたま居合わせる愉しみを感じているように見える。

そもそも、代々木公園は、1964年のオリンピックの後、東京での初めての森林公園として設計され、1967年に開園した公園である。意外にも新しい。にもかかわらず、昔からあった自然の森林のようだし、樹木はまるであるがままに生えているように見える。しかしもちろん、自然がつくりあげた環境ではない。自然に見えるように徹底的に検討され、設計され、造成され、その後も、より良くなるように、より自然に思えるように、手が加えられつづけている人工的な環境である。樹種は、歩くにつれ、次々としかしスムーズに切り替わる。公園の構成としても、真ん中の広大な芝生広場と、周辺のいくつもの落ち着いたサブ広場が連携して、限られた面積だけれど、変化に富んだ空間となっている。バラバラだけれど、自然で居心地がいい。美術館と公園との違いはあるが、その空間の質もまたきわめてルイジアナ近代美術館的である。

外国人は減ったように思う。コロナ禍で国に帰ったのかもしれない。老人もあまりいない。やはり、コロナが怖くて、外に出られないのかもしれない。若い人が多い。

リモート授業で、大学で友達と会えないので、ここに会いに来た人たちがいる。飲み屋より換気のいい外部空間でと、集まった音楽関係のグループがいる。コロナ禍で仕事をなくして、家にいるのも気が滅入るから出てきた人もいる。余裕のありそうな人もなさそうな人も、分け隔てなく、ここに集まってきて、隣り合っている。

老若男女というわけにはいかない、しかし新型コロナ禍における代々木公園の光景もまた、ルイジアナ近代美術館的であった。

さまざまな声が響き合う公共空間を

コロナの脅威を前にして、余裕のある層もない層も、時には公園に行って一息つきたいという欲求に駆られることにおいては、平等である。

ある事柄において平等とは、その事柄においては、人を羨む必要もないし、張り合う必要もないということを意味する。だから、他の側面ではまったく別の階層に属していても、その事柄においては共存できる。

じっさい、公共空間とは、本来、異なるコミュニティに属する人々が、対立し抗争するのではなく、安全に出会い接することのできる、境界空間のことではなかったか。

その意味での公共空間が、ルイジアナ近代美術館や新型コロナ禍のさなかの代々木公園で実現されていたのである。

ちなみに、2019年に京都で開催されたICOM（International Council of Museums）では、継続審議とはなったものの、ミュージアムを多様な声が響き合う場、と定義しなおそうという提議をめぐって、議論が白熱した。

新定義案は、「ミュージアムとは、民主的で、誰をも招き入れ、さまざまな声が響き合う空間であり、そこでは過去と未来について批評的対話が行われる（拙訳）」という文から始まっていた。

現在、ミュージアムこそ「公共空間」を体現する機関という認識が強まっているのである。

さまざまな人々が安全に共存できるためには、平等が必要になる。

デンマークの場合は、戦後、社会保障制度を整えた福祉国家となることで、経済的格差を縮め、富裕層と貧困層の差の小さい社会をめざした。ルイジアナ近代美術館は、コペンハーゲンから北に向かって30㎞ほど海沿いに続く、富裕層が住むストランヴァイエン通りのほぼ北端の土地にあるわけだが、にもかかわらず、そこに多様な声が響き合っているのは、デンマークのそんな社会施策にあずかるところが大きいだろう。

そんなデンマークでも、ここのところ、経済格差は急拡大しているという。一方、日本は、すでに子どもの7人に1人は貧困にあえぐと言われるほどに、経済格差が大きい。経済の指標での不平等は、経済を最優先する社会にあってはなおさら、きびしい。さまざまな声が響き合うための公共空間にも、ひとつの声しか響かなくなる。そして新型コロナ禍は、所得格差をさらに拡大するだろう。


とはいえ、その同じ新型コロナ禍によって、私たちは経済以上に生が優先された時空間に投げ込まれた。それとあいまっての「フィジカル・ディスタンス」である。その2つが組み合わさって、私たちのまわりには今、「公共空間」の萌芽が芽生えているようでもある。

その状況は、1つの「モダン」に収束し、その結果として「公共空間」が失われた現実世界ではなく、もうひとつの「モダン」の可能性を夢みた大戦間に差し戻されたかのようでもある。あるいは、そのもうひとつの「モダン」をそのまま延長していった、たとえばダニッシュ・モダンの世界と平行する世界が突然出現したかのようでもある。

もちろん、私たちの意思がそこに導いたのではない。のっぴきならない状況にいやおうなく巻き込まれ、たまたま出現したものに過ぎない。だからこのまま、新型コロナ禍が去ったら、私たちはこのことを忘れ、また元の世界に戻ってしまうことだろう。

私はそれを、もったいない、と思う。

陰翳とは、必ずしも暗がりのことではない。それは明確な全貌を持たない世界のひとつである。見えないのではない。むしろ感覚は研ぎ澄まされ、近傍はことのほか鮮明に目に飛び込んでくる。


それを一層暗い燭台に改めて、その穂のゆら〳〵とまたゝく蔭にある膳や椀を視詰めていると、それらの塗り物の沼のような深さと厚みとを持ったつやが、全く今までとは違った魅力を帯び出して来るのを発見する。

（「陰翳礼讃」）


自分が近傍に滲み出し、近傍と自分が静かに一体化して、くつろいでいる。そして、その外側のいたるところに、さまざまなくつろぎが存在し、広がっていることを感じている。それは、皆が同じ方向を向き、一つの全体に同化することとは逆で、それぞれ固有で異なるさまざまな自分とその近傍との密が、そこかしこに広がり、それらの存在のどれもが許される、形をもたないやわらかい全体をもつ世界であり、空間であり、社会である。

暗がりである必要はない。それは、白日の代々木公園でも、明澄な北欧の海を望むルイジアナ近代美術館でも可能だし、ましてや、「月と狂言師」の月夜でも可能である。

そんなことを、公園の傍の家での「暗さを愉しむ照明の会」で思った。

5章

［対談2］

「建築文化を大事にしない国」ゆえの希望

井上章一×青木 淳

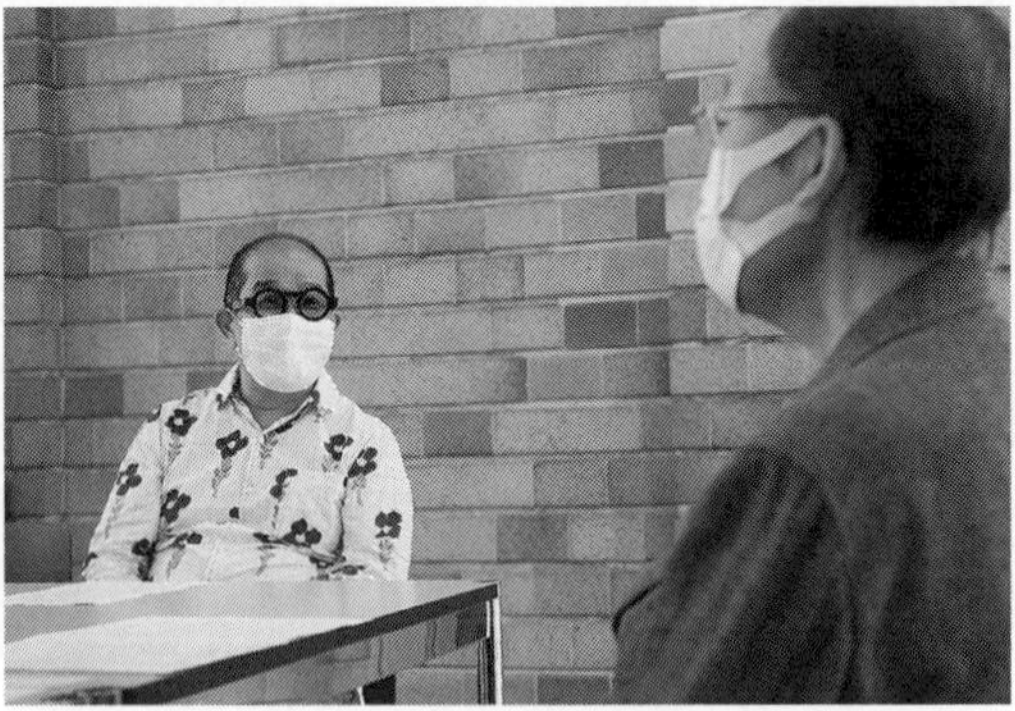

対談中の青木氏（左）と井上氏　©中森健作

ブロックバスター展の曲がり角

――4章では青木さんが、コロナ禍で見つけたポジティブな可能性をご指摘くださいました。この5章では、その視点でさらに掘り下げた議論をお願いしたいと思います。まず青木さんが館長を務める京都市美術館が、コロナ渦中の2020年5月にリニューアル・オープンしたことを話のとっかかりにします。芸術・文化は「不要不急」の扱いを受け、「緊急事態の今、なぜアートなのか」という問いを突きつけられたのではないでしょうか。

青木　そうですね。コロナ禍で、みなが、生活の余裕があってはじめて文化と思っていることがはっきりしました。しかし、文化というのは、日常の生活の形をいうのであって、襟を正して臨むものばかりではないと思うんです。着ること、食べること、住むことすべてが文化だと思うのですが、美術館は、そんな文化のなかのほんの一部のものだけを選び、展示して、それに関心のある人だけが訪れる場所になってしまっているということでしょう。多くの人にとって、美術館は自分の生存にかかわらない、余禄の施設でしかありません。これを変えて、これまで縁のなかった人にとっても大切な施設にならないと、美術館はやっていけなくなります。

井上　美術館を設計するとき、多くの市民が見に来ることを前提にすると、空間もそれにあわせてつくる必要がありますね。しかも、どんな市民が来るかはわからない。そういうアバウトな前提で空間を考えられるわけでしょう。

青木　はい。

井上　でも、もしそうした、たとえば付近へ来たついでに立ち寄る市民はあまり考えなくていいとなったら……専門的な企画展示を見たがる特定の美術愛好家に特化して動線を設定することとなります。その場合と、一般市民向けを対象にする場合とでは仕上がりが違ってきますよね。

青木　違いますね。もっとも、今、美術館はもっと多くの層に開かれなければと言いましたが、入場者数という点では、この美術館はもとからいっぱいの人が観に来る美術館ではありました。むしろそれがあまりに多いので、既存の手狭なロビーでは捌《さば》ききれず、前庭にテントを並べて、入場待ちをしてもらっているほどでした。京都は、夏は暑く、冬は寒いので、それでは過酷ですね。入場者数が建物のキャパシティを超えてしまっている。そこをなんとかというのが、リニューアルのひとつの大きな目的でした。それで、当初は彫刻展示のための空間としてつくられていた中央の「大陳列室」をロビーに用途を変え、美術館の前に左右に長い「ガラス・リボン」という室内空間を足して、混んだときには、そこに並んでもらうことにしたんです（写真参照）。でも、新型コロナウイルスの感染拡大で、お客さんを大勢入れることはないので、そうした使い方をしたことはリニューアル・オープン後、一回もないわけですが。

井上 ここは立地的に、それこそ動物園のついでに絵を見ようとか、夜は京都会館で演劇を見るんだけど、その前に美術館へ立ち寄ろうとか、ひょっとしたら神社にお参りへ行くついでみたいな人だっていると思うんですよ。だけどそういう光景はコロナ禍の今、ありえないですよね。

京都市美術館。本館地下1階部分のファサードが「ガラス・リボン」
©Daici Ano

青木　外出は自粛して、と言われていますからね。

井上　ならば、特化した展示を……。

青木　大量動員を狙った展覧会にばかり頼る運営は危険ですから、特化というか、ある層にとっては、これはどうしても行かなくてはと思えるようなマニアックな展覧会が重要になってきますね。その層を、今までの美術愛好者の層だけでなく、もっと広げていくのがいいと思っています。

井上　ちょっと失礼な質問ですけど、学芸員の方は来館者が増えることをうれしいと思っておられるのでしょうか。まあ、営業的にはありがたいけど、本音では静かにゆっくり鑑賞してほしい……。

青木　コロナでなくても、押すな押すなの大混雑になることは、お客さんにとっても、学芸員にとっても、うれしくないでしょう。肝心の展示がちゃんと見えないわけですから。でも、もっと多くの人に関心を持ってもらえるはず、と思って企画したのに来てくれないのも寂しいですよね。

この美術館の場合だと、リニューアルをきっかけに、近代と現代の展覧会をそれぞれ年一本は自主企画でやっていこうとしていますが、それ以外の展覧会は、利益をあげることを前提にお金を出してくれるメディアとの共催展です。だからコロナは大打撃。特に大量動員を狙った、いわゆるブロックバスター展ばかりだと危ないんです。今回の新型コロナが収束しても、またパンデミックは起きるかもしれないから、今後、共催者は手控えるでしょう。となると、大勢が詰めかけなくてもやっていける美術館に、運営を変えていかなくてはなりません。そういう課題を突きつけられたことは、コロナによる怪我の功名と言うべきでしょう。

具体的には、今回のリニューアルで、ようやく常設展示のための空間、「コレクションルーム」をつくりました。収蔵品の魅力をじっくり観てもらう。それと、展覧会事業ばかりが肥大化していることも改めなくてはと思っています。美術館には、新しい作家を発掘して世に出すとか、日常の生活のなかにある「文化」を改めて見直すとか、大学をはじめ教育機関と連携したリサーチをするとか、プロジェクトベースの活動をするとか、他にも、もっと多くの層の人たちに関心を持ってもらえる事業があるはずなんです。

井上　なるほど。じゃあ、学術展示に力を入れたがる学芸員の方々も、そういう環境におかれると、シャワーを浴びるように考え方をちょっとずつ変えていかれるかもしれないですね。

青木　考え方を変えていく人はいるかもしれないし、変わらず学術的なことをやりたい人もいることになるでしょうね。この美術館は1000平方メートルの展示室が5つもあり、いろんなことが同時にできるので、いろいろなタイプの学芸員がいるのがいいと思っています。

井上　それにしても、建築家はたいへんですね。今の美術館には、いろいろな役割が期待されます。あちらの役割を立てて空間をあんばいすれば、こちらが立たなくなったりしてしまいます。いったい、どの役割を重んじたらいいのかが見きわめにくい。おまけに、最近は感染症が、一般市民のなかなか立ち寄らない状況をもたらしました。公共建築を手掛ける多くの建築家は、いろいろ考えさせられているんじゃないかなと思います。

青木　立ち寄れない公共建築というのは、定義からして、むずかしいですね……。

模型づくりという日本文化

――お二方の職場ではコロナ禍でどのような変化があったのか、またそこから見えてきたものについて教えていただけますか。今の話の流れで、まず青木さんからお願いします。

青木　去年（2020年）3月の終わりに感染拡大が厳しくなってきて、リモート・ワークが推奨されました。確かにみながそうしないと危なさそうだと思って、私のスタジオも4月は1ヵ月間、全員に在宅勤務をしてもらうことにしました。しかし、それだとどうも仕事がうまくいかない。それでゴールデンウィークに1回集まってみたのですが、数時間でリモートの1ヵ月分くらい、仕事が進んだわけです。

なぜかというと、私たちの設計は、模型を目の前にして、その場で壊したり、足したりしながら進めるのが普通で、それがリモートではできなかったからです。

井上　模型に胃カメラを潜らせて、その映像をリモートの人と分かち合うというような話も聞いたことがあるんですが、それは夢物語ですか。

青木　それほど先ではなく普通のことになるでしょうね。でも模型って、寄ったり、引いたりして、それができたときどんな空間体験になるかを想像するためのツールなので、目の前にないと、あまり意味がありません。もっとも、日本には模型で建築を考えていく文化があるのですが、他の国では、あまり模型は使っていないですね。

井上　模型づくりって、建築家は設計のときによく試みますが、あの習慣は日本的なものなんですか。

青木　そう思います。ただ、かなりいいCG（Computer Graphics、コンピュータで描く絵）が簡単につくれるようになってきていますから、そちらだけで進めるところも多くなっているかもしれません。うちは古いタイプですね。

井上　今はＣＡＤ（Computer-Aided Design、コンピュータ支援設計）が図面を描く時代だと聞きます。それでもやっぱり模型をつくる建築家の方がいらっしゃるわけですね。私は、学生時代の記憶でいいますけども、模型をこしらえると、自分が平面図でイメージしていたことが把握しやすくなりました。と言うか、つくってみると、よく把握できていなかった部分がわかったりしたものです。あの効用は、コンピュータも代行しきれないのかな。

青木　平面図から得られるイメージと、模型から得られるイメージは、たいていズレています。だから、うまくいったと思った図面をもとに模型をつくると、がっかりすることも多い。模型も現実の建築になると、裏切られることもある。でも、図面よりは模型のほうが３次元の現実に近いから、模型は便利です。図面と模型の間を行ったり来たりしながら、そのズレを減らそうとしています。

丹下、磯崎から円谷プロ、ゴジラまで

井上　ちょっと脇道に逸れますが、もし模型づくりが日本的な現象だとしたら、どこの事務所が始めたのでしょうか。

青木 私は丹下（健三）さんだろうと思っています。丹下さんのかなり初期の文章に「MICHELANGELO頌」（『現代建築』1939年12月号）というのがありますね。ミケランジェロ（イタリア・ルネサンス期の芸術家）とル・コルビュジエ（Le Corbusier、1887〜1965年。おもにフランスで活躍。モダニズム建築の巨匠といわれる）はすごい、一言でまとめればそういう話ですね。（笑）

井上 それを難しく飾りたてたような話ですね。副題は「Le Corbusier論への序説として」とあって、ミケランジェロにことよせながら、コルビュジエへ言い及ぶ論考でした。

青木 あてずっぽうの推量ですが、丹下さんを遡ると、ル・コルビュジエを経由して、彫刻家のミケランジェロに至る。だから目の前に模型がなくてはとなるのではないか、と。私は磯崎新さんの事務所で1983〜90年にかけて働いていましたが、丹下さんの弟子の磯崎さんにとっても、模型は必須の設計ツールでした。

井上 勝手な想像で言いますけど、もし丹下さんが源流だとすると、彼の少し前から活躍してよく比較された村野藤吾《むらのとうご》（1891〜1984年。代表作に日生劇場、大阪新歌舞伎座など）は、そういうことをしていなかった可能性もありますよね。

青木 少なくとも模型の役割は違ったような気がします。おそらく村野さんだったら、手に触るとか触覚的な面で建築を感じるための模型ではあっても、概念の視覚化ではなかったでしょうね。

井上 メタボリズム（2章を参照）の建築家も、当初は実現の見込みがなかったので、図面と模型をよく発表していました。あのあたりから模型づくりは、建築家たちの間に普及したのかもしれませんね。丹下発、メタボリズム経由というひろがり方を、今想いえがいています。円谷プロの怪獣映画が早い頃から模型で街をつくっているじゃないですか。ああいうのとも、建築家の模型によるスタディが通底しあっていた可能性は、どうでしょうか。日本的だと聞かされ、やはり日本的な特撮を連想しましたが。

青木 うーん、どうでしょう。

井上 ゴジラは、模型の東京を壊していきますよね。

青木 その映像を撮るためには、ゴジラの着ぐるみの中に入った人間が、模型の街を壊して歩かなくてはならない。同じ頃の『007　ドクター・ノオ』（テレンス・ヤング監督、1962年）にも、都市の模型が出てきますが、そちらはあくまでミニチュアとしての模型でしたよね。

井上 ああいう怪獣映画をつくったのは、そして建築家が模型にこだわるのも日本文化かもしれない……。

――最近で言えば、アニメ映画『シン・エヴァンゲリオン劇場版』（2021年）の庵野秀明《あんのひであき》監督も模型をつくって構想を練っていました。

青木 電車とか電信柱の位置とか、細かく指示していましたね。

井上 アニメーションですと、必ずしも模型は必須アイテムじゃないと思うのですが、それでも庵野さんは模型でのスタディにこだわったんですよね。アメリカの映画だとCGのほうへ発展しています。くらべると模型にはやはり日本文化が潜んでいるのかな、と。

青木 日本庭園も山水の模型ですしね。ただ、模型をそのまま拡大しても、実物にはなりません。円谷プロも、水を張った模型の海をそのまま拡大すると、水が粘度の高いゼリーに見えてしまうので、なんだったか工夫した、と昔、読んだ記憶があります。模型を実物にもっていくには、なんらかの変換する技が必要ですね。

井上 自分で言い出しておきながら、自分に対する反論なんですが（笑）、ナチスに仕えていたアルバート・シュペーア（Berthold Konrad Hermann Albert Speer、1905〜81年。ドイツの首都ベルリンの改造計画「ゲルマニア計画」の統括責任者）が南北の大通りをこしらえだしますよね。完成したときの模型もつくりました。「ゲルマニア」の宣伝画像はあの模型から始まっていたと思います（ハインリッヒ・ブレロアー監督『ヒトラーの建築家――アルベルト・シュペーア　第一部　戦争の記憶～ベルリン改造計画』２００5年に収録）。円谷プロが最初ではないし、あっちのほうがはるかに立派やった。ただ、あのやり方がヨーロッパの建築事務所に必ずしも根付いているわけではないですよね。

青木　そうですね。ヨーロッパでは木で模型をつくるから、簡単には切ったり貼ったりはできない。設計の完成像を見せるにはいいけれど、設計の道具としては使いにくい。

井上　シュペーアの場合、宣伝に使うという事情もあって、こしらえたのかな。

青木　あの南北の大通りは一種の劇場として考えられていましたよね。もし映画のためでなければ、そこでの演出を考えるために、模型をつくったのかもしれませんね。

井上　建築的な空間把握のためというよりは、ですね。でも、都市像の把握には役立ったような気もします。

「雑談」の価値をわかってくれない

――興味深い話が尽きませんが、話を振り出しに戻します。井上さんの職場、国際日本文化研究センターでは、コロナ禍はどのような影響がありましたか。そこから何が見えてきましたか。

井上 日文研（国際日本文化研究センター）では国際シンポジウムをよく開催してきたのですが、今は対面での会議ができなくなりました。こちらから、グループをつくって海外へ出むくことも、ひかえています。会議はみんなオンラインですね。そうすると挨拶が、「おはようございます」「こんにちは」「こんばんは」になるんです。たとえば、ヨーロッパとアメリカと日本の参加者が同時にいると、今が「こんばんは」なのか、「こんにちは」なのか、「おはようございます」なのか……。

青木 三つ言わないといけない。

井上 場合によっては深夜に参加している方もいるんです。それぐらいはいいんですけど、わりと深刻なのは、オンラインで国際会議ができるようになってしまったことです。今までは旅費、滞在費を払ってこちらから行ったり、向こうを招いたりしてきたんですが、財政当局側は、もう旅費や滞在費など要らないだろうと考えかねません。パソコンがあれば、安上がりでできるじゃないか、と。

私たちは研究成果のランクが落ちたと思われたくないので、対面の機会がなくなってもいい成果を出している、少なくともその「ふり」ぐらいはするわけです。するとますます、オンラインで十分じゃないか、となる。「オンラインではやっぱり難しい、駄目だ」という結論を導くために、質の低い成果を出す手はあります。でも、それが「やはり旅費と滞在費は要りますね」という結論につながると、思えないんですよ。

青木　ならないでしょうね。

井上　これは国際シンポジウムに限らないのですが、いろんな学者の集いを対面でやってきて、痛感したことがあります。ああいうやりとりでは、発言慣れしている人や仕切りたがる人が、場を支配する状態になりやすいんですね。若い人がなかなか、「ちょっと待ってください、自分はこう考えます」と言いだしづらくなる傾向もあります。ところが、オンラインの会議にすると、引っ込み思案な若い人がチャットでいろんな書き込みをしはるんです。つまり、オンラインには若い人の心を開くという、いい面がある。すると、ますます旅費・滞在費をくれと言いづらくなるんですよ。これはどうしたものかな。

青木　会議そのものだけだったら確かにオンラインでできるかなと思うけど、国際会議の意義って、その後一緒に食事をするとか、散歩するとか、その人の仕事場を訪ねるとか、その全てが一緒になっているものですよね。

井上　おっしゃるとおりなんだけれども、「雑談が大事」、「会食が大切」っていう文章を役所へ申請する書類には書きこみづらいでしょう。

青木　（笑）。こうなる前から、少しずつそのへんの理解をもらっておかなくてはいけなかったですね。

井上　そうですよね。とにかく、申請書で飲み会の大事さを訴えるというのも、なかなか難しい。本社がアルコール飲料をてがけるサントリー文化財団あたりへの要望書なら、書きこめるのかな。

オンライン時代に大学の授業はどうあるべきか

――井上さんは、3章のリレー・エッセイの初出となった連載の「番外編」として、神戸女学院のヴォーリズ建築の価値について取り上げておられました（本章末のコラムを参照）。コロナ禍を通じて、キャンパスという場が学生さんに与える影響はありましたか。

井上　私の勤め先は研究機関なので、キャンパスで教えることはありません。学生さんが、キャンパスの建築をどううけとめるのかはわからない。ただ、私じしんは建築が好きなので、学生さんにもこの空間で過ごせて良かったなという思いを持ったまま、卒業してほしいと思います。神戸女学院はせっかく奇麗なのに……なんだか、女子大生の話をしているみたいですが（笑）。本当に、空間が奇麗なんですよ。だけど、あれを維持するのは結構コストがかかる。財政的には大変なんだそうです。でも、せっかく大学が維持してくれているあの空間で学生はあまり過ごせないんだとしたら、かわいそうですね。建築も味わってほしいと、どこかで思っていますので。

青木　大学は、先生からよりも他から教わるものが多いですよね。

井上　そうですね。自分自身を振り返ると圧倒的にその通りです。

青木　私も覚えているのは、その場所や雰囲気も含めて、友達と会って話をしたことばかりです。

井上　オンライン授業に関してひとこと言わせてください。落語家さんがラジオ放送の始まったときに、もう寄席には人が来なくなるという危機感を抱いていた時期があります。だけど今や、むしろテレビ・ラジオで名を売った人の寄席が賑わっています。共存共栄しているということですね。音楽も、ほとんどの鑑賞は、レコード、CD、スマホ経由ですからリモートのそれだと思うんだけど、コンサートはなくならないじゃないですか。

ひるがえって我々の授業に、果たしてその生命力があるかどうかということなんです。学生さんが、ライブ授業の魅力を、あらためて見直すようになるでしょうか。

青木　生身の人間が一緒にいないとできないことがあるかどうかですね。

井上　先ほど、模型を通してスタッフとやりとりすることで、解決できたことが結構あるとおっしゃられたじゃないですか。

青木　学術研究において、模型に代わるツールはなんなんでしょうね。学生へのリモート授業には、オンデマンド方式と、Ｚｏｏｍなどでのリアルタイムの方式がありますが、オンデマンド方式だと、事前の準備と撮影の環境次第で、すばらしい内容のものができるでしょうが、いいできばえのものが一本できたら、他の適当につくったものは全部要らなくなる。大学も、いい内容のものを配給できる大学だけに淘汰される。そう考えると、リモートであっても、最低限、双方向性をもっていないとまずいのではないでしょうか。

井上　建築学科でも、たとえば構造系の破壊実験とか、あんなのはオンラインではどうしようもないじゃないですか。いや、建築そのものだって、写真や図面だけでは理解しきれませんよね。現場へ行って、初めて体感できることはあるわけです。美術大学の授業でも、絵画の人は何とかなるかもしれないけれど、彫塑とか工芸の方はどうしたはるんでしょうね。

青木　東京藝大の建築科では、対面での実技授業を死守するために、座学はすべてリモートになっています。彫塑や工芸も同じだと思います。それでも、去年（２０２０年）はそれさえできない時期があって、建築の設計課題をリモートで行いました。すると通常とまったく違うことになるんですね。普通の対面なら模型があるから、全然リニア（単線的）には話は進まないのですが、リモートだと、パワポを使って発表するので、ストーリーとしての起承転結、一つのリニアな流れとして、案を受け取らなくてはならない。

一つの話として案を説明するスキルも建築家には必要ではあるので、それはそれで学生にとってはいい勉強にはなったと思いますが、模型派の私にはストレスが大きかったです。

井上　オンラインは、人に軽い引きこもりを要求しますよね。リモート・ワークは、極端な場合、もうオフィスへ出てくるな、家で仕事をしろという状態をもたらします。これがあたりまえになると、引きこもりのパソコンマニアが持っている、ビジネスの世界ではあまり目を向けられていなかった新しい可能性が、発見されるかもしれません。つまり、「こいつビジネスマンとしてリアルな会議では全然使えへんけど、実はむちゃくちゃ能力を持っているで」というような。

青木　チームワークではなく、個人でできるような仕事はいっぱいあるわけだし、そういう人にとってはリモートはうれしいですね。

井上　プロのコンピュータプログラム企業に頼んだら数千万円ほど取られそうな仕事も、引きこもりの超人に依頼すればどうでしょう。会議や営業の現場には出なくてもいいという条件を出せば、本当に安く引き受けてくれるかもしれないわけじゃないですか。ひょっとしたらこの状況が、コンピュータプログラムなんかを売り物にしている企業へ、どこかでピンチを与えているかもしれないなと思います。いや、もうそういう企業は、自分たちで引きこもりの達人を発掘しているのかな。

青木　ITゼネコンはピンチになってもしかたないです。(笑)

可能性としての「引きこもり」

――今の「引きこもり」の話題は、コロナ禍で加速したオンライン時代のポジティブな側面に当たると思うのですが、他にも何かポスト・コロナに生かせていけるような、4章の青木さん風に言えば育てていくべき「種」があったら、ぜひ教えていただけないでしょうか。

青木　井上さんがおっしゃったように、コロナはみんなに「引きこもり」を強制するようなところがあるので、ポジティブな側面だけではなく、自殺者も増えました。リモートで、モニターに映るヴァーチャルな世界だけと向き合っていると、いつの間にかその世界にハマってしまっていることがあります。時々、それにハッと気づいて、現実に引き戻される。でも、家のなかに閉じ込もっていると、その現実も部屋のなかの狭い世界だから、すぐにまたモニターの世界にハマってしまう。これが続くのは、意識に上っていなくても、人間にとってつらいことなのかなと思います。だからか、散歩することが増えた気がしますね。

井上 これまでは居酒屋に行くことで自分の環境を変えていた人が、河原の散歩も悪くないやん、というようなことになればいいですね。

青木 これまではオンオフの両極でよかったのですが、リモートが増えていくと、ちょっとオンでちょっとオフのような、その間のいろんな環境もないとまずいかもしれませんね。リモートの世界はやはり没入型ですから。

井上 そうなると、やっぱりリモートに没入するような方々には、自然環境との出合いもある場にいていただくほうがいいかもしれないですね。

青木 あるいは、他の人がリモートをしているところに居合わせられる場とか。家で行き詰まってしまったから、そこまで出てきてボーッとしている人もいれば、その逆に、家が狭くて、家で集中してリモートできないからそこに出てきて没入している人がいたりするような、没入と放心の両方が混在する場もいいかもしれません。それは、スターバックスのようなカフェあたりですでに実現しているようですけれど。

井上 なるほど。あれには一種の引きこもり団地みたいな一面もあるのか。

青木 オンかオフかではなく、没入と放心の間のさまざまな状態がいろいろな形で重ね合わされた場って、みながある意味引きこもりになったから生まれた、新しい公共空間の芽なのかもしれませんね。

井上 引きこもり同士の連帯感はあるかもしれませんね。変な話ですけど。「自分だけじゃない、同類はけっこういるんだ」と肉眼でたしかめられるのと、「自分一人だけこうなっている」と考えるのとでは随分違うと思います。

空間設計はどこまで人のふるまいに影響を与えるか

井上 空間の持つ効用ということで、また別の話をさせてください。ある関西の医大で、先生方の部屋を個室にせず、小学校の職員室のようにしたところがありました。狙いは縦割りを打破して、内科の先生が神経科の先生からヒントをもらうような機会をふやしたいという点にあったそうです。

私は話を聞きながら、人間同士の縦割り状態を、空間設計はどれだけ是正することができるのだろう？　相変わらず縦割りは続くんじゃないか？　とも思いました。こういうのはどう考えはりますか。

青木　空間は人間の精神に影響を与えるとは思います。自然の環境でも、なんとなく落ち着かないところや、ずっとそこに居たくなるところがありますよね。だからむしろ、空間は人間の精神に影響を与えざるをえない、とまで言ってもいいかもしれません。でも、こういう空間にしたから人間はこういう精神になるとか、人間をこういう精神にするために空間をこうするというのは、違うんじゃないかな。人間は、単純な刺激・反応で行動する生き物ではないと信じたいです。組織の縦割りを解消するために空間の縦割りをなくすというのは、下手な語呂合わせ以上のものではないと思いますね。ある程度、守られたところがあるから、人は外に出ていって社交的に振る舞えるわけで。

井上　日文研は、内井昭蔵《うちいしょうぞう》（1933～2002年。代表作は世田谷美術館など）さんが設計をしてくださったんです。研究個室もいただいているんです。でもちょっと狭いんです。それはなぜかというと、みんなが集えるホテルのロビーのような「コモンルーム」という空間をつくったからなんです。文部省の基準ではそれが取れなかったんだけど、研究個室の面積をちょっとずつ削って、それを集めることで書類上の合理化ができたわけです。ここで分野を超えたやりとりができるという構えですね。組織の理念を、建築に投影してもらったわけです。だから、このコロナ状況でコモンルームにあまり出てくるなという状況がしばらく続くと、先生方のタコつぼ化は進むはずなんです。でも、進まなかったら、空間って、あまり意味を持たないものだったのかなということになってしまいます。社会科学者たちの言うアーキテクチュアは、どこまで有効性を持つのかが、ためせる。

青木　どうなるのか興味深いですね。リモートで話し合えるわけだし。今私たちは、空間といっても、リアルな空間とヴァーチャルな空間と、2つの空間を持っています。

井上　以前は空間の持っている力もそこそこあったと思うんだけど、その場が持っていた力をオンラインのやりとりが結構カバーしてくれるようになった。

青木　そうだと思います。コロナ禍でリモート・ワークが半強制的に導入されたことで一気に、現実のアクチュアルな空間にヴァーチャルな空間が重なってきました。人間に身体がある限り、全部がヴァーチャルにとって代わられるということはないとは思いますが、現実が一つではなく、二つが重なる世界になってきたことは、大きなことですね。

ＶＲ（Virtual Reality、仮想現実）からＡＲ（Augmented Reality、拡張現実）、ＭＲ（Mixed Reality、複合現実）に進んでいくと、私たちの生活も、その間を切れ目なく行き来するようなことになるでしょうね。今は過渡期だから、「ポケモンＧＯ」をしている人を町で見かけると、なんだか不気味に感じる人も少なくないことと思いますが、これからの建築は、現実の世界に他の仮想世界がかぶさっていることをどう扱っていくのかが課題になってくるような気がします。もはや、個室がいいか、大部屋がいいか、というような問題ではなくなるというか。

ヨーロッパの施主は貴族、日本は下町の商店主

――コロナ禍に見出すポジティブな面ということでいうと、日本は「自粛の要請」というかたちで中国や欧米のように都市をロックダウンせず、私権を極端に制限しないで対応してきたことを政府は誇っています。もちろん、これは評価が分かれるところですが……。片や、3章のリレー・エッセイでお二人とも触れているように、日本の都市は欧米に比べて規制が

緩く、自由なデザインの建築が多いという面もありますよね。そこで、ご対談の締めくくりにあたり、あらためて公と私の関係や、「自由」というものについてご意見をお願いいたします。

井上 青木さんが3章で触れていた、フランスから来た留学生のエピソードが印象的です。ファサード（外観）は設計者のものじゃなく、公共のものだというふうに彼らは考えている。これには、ああなるほどと思いました。

青木 ロンドンで、水上に建つ建築（写真参照）を建て替えるというプロジェクトを設計したことがあります。日本と同じで、イギリスでも建築確認申請が通らないと建設できないのですが、その前に「プレ建築確認申請」という事前審査があって、デザインや、環境問題、水中

ロンドンの水上建築 The Quay Club © 青木淳

の生物に対する影響について、専門家たちと議論する場が設けられるんです。案のかなり初期から始まって、案の進行と並行して何度も議論します。本番は法文による審査なので、法律で禁じられてさえいなければ通るのですが、プレ建築確認申請は、法律より上位にあるとされている「常識」に照らし合わせての議論なので、実はこちらのほうがずっと通すのが難しいんです。

私の設計は、波打つ水面のような外壁から成るデザインでした。でも、設計の途中、クライアントがもっと窓をいっぱい、また大きく開けたいというので、そういう案を試すと、窓だらけになってしまって、普通のオフィス・ビルのようになってしまうのです。私としては納得がいかないのですが、クライアントがそうでないと商売にならないというので、その案をプレ建築確認申請で見せたら、デザインとして許容できないと拒否されたんですね。前の案は、ここに建てるのにふさわしかったが、これだと環境破壊だと。それで元の案に近づけることになって、やっと審査に通って実現しました。私は、日本よりこの国のほうがずっと、建築家の「自由」が守られていると思いました。(笑)

井上 まあ、そういうケースもあるんでしょうね。でも何ていうか、水上だから地権者ではないけれども、クライアントの「自由」は阻害していますね。

青木 ええ、クライアントの自由を阻害している。だからそのとき、公的なというのかな――何を公的というかは難しいんですけれども――商業的な意味合いとは違う何かがヨーロッパにはあると実感したわけですね。

井上 わかります。資本主義になり切っていないわけです。

青木 経済効果よりも、もっと大事なことがある。パリでの設計は本当に制約だらけで大変なんですけれども、公益の観点から守ろうとする理屈はわかる。その制約の中にあって、それでも自由にできるのかどうかが、建築家の能力として問われているのかなという気がしますね。

井上 ときどき大統領勅令があって、全ての制限を突破できそうなレアケースもあるんですけどね。ボーブールのポンピドゥー・センターみたいな例がね。でもそれはごく特異な場合で、普通はがんじがらめですよね。

青木 ええ、がんじがらめ。

井上 私がこの現象を社会問題として、最初に感じたのは、安藤忠雄さんが世に出られた頃です。「住吉の長屋」（次頁の写真参照）だけではなく、安藤さんは大阪の下町で、施主がお好み焼き屋さんとか文房具屋さんとかの店舗併設住宅もてがけておられました。それらはコンクリートの打ちっ放しですが、みなちっちゃなおうちです。それこそ十数坪の地主を施主とする住宅です。そういうちいさい土地持ちがアーキテクトに作品を要求する国って、すごいなと思ったのがはじまりです。

青木　確かに。（笑）

井上　ヨーロッパの都会地で、十数坪の地主ってありえないじゃないですか。東京で東孝光《あずまたかみつ》（1933～2015年）さんがつくられた「塔の家」に至っては6坪ですか。それに比べて、ロンドンの地権者はおそらく4～5人なんです。何ヘクタールというような地主しか、あちらにはいません。

青木　そうなんですか。

井上　しかも、みんな貴族です。私は学生のときにイギリスのお城を結構回ったんですが、まだ公爵や伯爵らが住んでいたんですよ。だけど日本に残る江戸時代の大名屋敷とか城郭は

安藤忠雄「住吉の長屋」　©アフロ

ほとんど、地方公共団体が管理して一般公開もしているじゃないですか。つまり、市民の財産になっているわけです。ロンドンにかぎらずイギリスはまだ廃藩置県が終わっていないんかと。

青木　領主がいる。（笑）

井上　そう。どうしてそういうイギリスを、我々は近代化の先駆けみたいにして教わってきたんだろう。十数坪の文房具屋がアーキテクトに設計を依頼する日本のほうが、はるかに近代的なんじゃないか。ただ、ロンドンとちがって、日本では、ささやかな人民が自分の狭い土地へ勝手な建物を建てるから、ごちゃごちゃした街並みになるという問題もあるのですが。

青木　ヨーロッパでは、建築家は大富豪のため、あるいは国家プロジェクトのために仕事をしますが、少なくとも戦後の日本では、建築家は小さい事業主というか地権者のために仕事をしてきました。そのため、日本ではバラック的なものが建ち並び、混乱した都市風景になった。町中、電信柱だらけで、空中には電線が蜘蛛の巣のように張っている。でも、私はそれが結構好きなんです。大きな権力ではなく、小さな権力の欲望でできている都市風景は、日本の魅力でもあるんじゃないか、と。ところが昨今、そんな有象無象が買収され、一つの資本にまとめられ、再開発されていく。日本的大富豪が生まれ、それが国家戦略と結びついて、彼らが思うヨーロッパ的な都市に変えていっている。

井上 まだヨーロッパに憧れる心性がなくなっていない。

青木 とはいえ、ヨーロッパの都市は、時代を跨いだ長い試行錯誤を経て、できあがってきたものですよね。そこでさえ、今や経済論理の力で急速にその姿が変わっていっています。過去と現代とのガチンコがあるからまだそれでも、というところはありますが、日本の場合は、過去はスクラップ・アンド・ビルドで総浚《そうざら》いした上での、大資本の論理だけでつくられる「都市美」です。急ごしらえの美意識で都市をつくるのは、いつだって危険なことだと思いますね。

ローマを守るために降伏したイタリア。対して日本は……

井上 青木さんは混乱した都市風景がお好きだとおっしゃいます。たとえば東京オリンピックのレガシーである首都高は美しい。そう思おうよ、あれは素晴らしいじゃないか、と。セーヌ川の上にあんなものは到底通らないんだけど、これを通すことのできた日本を肯定しようよ、ということでしょうか。

青木 微妙なところですが、首都高はところどころで、結果的に素敵な風景をつくりだしていると思っています。たとえば『惑星ソラリス』（アンドレイ・タルコフスキー監督、1972年）の映画の冒頭は、首都高を走るシーンです。1970年代における、未来的であると同時にノスタルジックな風景の美しさが、フィルムに定着されています。高架下から見上げると、飯田橋あたりはいいですね。それは、首都高の設計に変な美意識は入っていないから生まれた偶然の産物ですが。美意識がないので日本橋の上も頓着なく通しちゃうという暴挙もあり、問題も多々ありますが、全体的には……肯定したいなと思います。

井上 わかりました。私はちょっと……いや、ちょっとどころか、かなり違うんです。そこで二人

首都高5号線・飯田橋出口付近　©読売新聞社

の物別れというオチができますね。(笑)

青木 (笑)

井上 イタリアで教えられて知ったのですが、第二次世界大戦中の1943年7月19日に、初めてローマは連合軍の空爆を受けたんです。この翌日にイタリアの参謀本部はもう戦争をやめようと、国王ヴィットーリオ・エマヌエーレ3世に掛け合いました。ムッソリーニの逮捕と連合国への休戦申し込みを、初空襲の翌日に決めるんですよ。

青木 なるほど。

井上 彼らは、ローマに爆弾が落ちると思っていなかったのです。で、あらためて考えだしました。コロッセオを焼いていいのか、バチカンが燃えていいのか、と。ローマはそこら中に建築の宝がある。これを維持するのは自分たちの務めだ、という思いがかなり強かった。フランスだって、ナチスの前に早々と敗北を決めたのは、パリを焼くわけにいかんという思いがあったからです。ごく近年も、ノートルダム寺院の屋根が焼けおち、脱魂状態になったフランス人はおおぜいいました。ナチスの戦車とパリでドンパチするわけには、いかなかったと思います。

だけど東京は、連合国の空爆に3年4ヵ月持ちこたえました。軍の一部では、国土が焦土となっても戦闘を継続する途さえ、さぐられたんですよ。後世へ伝えなければならない建築などというものはただの一つもなかったんだなと、非常に切なく感じます。建築という文化財が戦争への抑止力となることに気付いたとき、私はイケイケドンドン風の建築観を改めました。

青木　まったく同感です。日本においては、自分たちが築いてきた環境への愛情が希薄ですね。自分たちが生活している日常的な風景が失われることにかなり無頓着です。自分の人生が周りの環境よりずっと短く、私たちはその環境をただ通り抜けていっているだけという感覚がない。シェークスピアではないけれど、ヨーロッパだとどこかに、人間はこの世という舞台に登場しては消えていく役者にすぎないという感覚があるんでしょうね。

そんな日本ですが、一人一人の、その時々の欲望でできあがる建物の集合である町もまた、それでもなぜか、固有の空気の質をもってしまうのが、私は面白いと思っています。荻窪という東京の中央線沿線の住宅地がありますが、いろいろな時代につくられた、ほんとうにさまざまな意匠の家が立ち並んでいます。でも、そこにはなにかひとつの空気が漂っている。それを象徴するように、高架となった中央線に乗って町を見ると、ひとつひとつの個性は消えて、一面に広がるじゅうたんのように見えるんです。それぞれの細胞が次々に自由に建て替えられて行っても、全体の空気はさほど変わらない。その安心があったから、自分の周辺環境に無頓着だったのかな、と想像しています。

そういうなかで、もっとも怖いのは面的な大規模再開発です。都市における細胞である建築の交換なら大丈夫、首都高のような血管である道路の増設もまだいい、でも違う臓器が移植されたらひとたまりもない。

建築文化を大事にしない国、だからこその可能性

井上 ちょっとイケズを言います。ローマを焼かれたくないというので爆弾が落ちた翌日に敗北を決意する国と、3年4ヵ月持ちこたえた国を比べると、建築家の仕事は間違いなく後者、日本のほうがたくさんあるんですよ。建築文化をあまり大事にしない日本だと、建てては壊し、壊しては建てることの連続で、仕事の機会は多くなる。だからこそ、逆説的に先鋭的な建築家が育まれやすいんだと私は思います。

青木 そうだと思います。都市計画という概念が希薄な日本では、個々のクライアントの好き勝手で建築ができます。それがうまく建築家の好き勝手とマッチすれば、新しい建築が生

まれます。その全部がいい建築であることはないけれど、いくつかはきっといいものもあるだろうというわけですね。

井上 そういうことです。でもいくつかの面白いものを、特権的に誰かが選ぶわけにはいかへんじゃないですか。けっきょく、その良し悪しは歴史が判断するんですね。何十年も経った後で、あれを残しておいて良かったよね、ということになるわけですから。

青木 はい。とはいえ、今となっては事前のルールも必要だと思いますね。景観条例という形で、京都も導入しているわけですけれども。

井上 でも、京都のそれはフィレンツェあたりの基準から見たら……。

青木 ないに等しい。

井上 そうでしょう。

青木 都市計画という考えが弱い日本では、個々の建築のルール以前に、もっと大きな単位でのルールが重要だと思いますね。そこを放っておいては、もう町は壊れます。

たとえば、大きな敷地に、ゆったりと家が建っていたのに、遺産相続で細分化され、ミニ開発が行われる。大規模再開発とミニ開発と、その両側から町はずたずたになってきています。

井上　そうですね。それに、何といっても上モノは減価償却が早いじゃないですか。30年を超えると所持しているだけで不良資産になってしまう。イタリアで減価償却にかかわる税法なんかはどうなっているんだろう。ベネチアなんか、築数百年を自慢しあっているのですが。

青木　そもそも、減価償却という概念があるんでしょうか。

井上　テレビ番組に『大改造!!劇的ビフォーアフター』（朝日放送テレビ）というのがあって、リフォームの達人や匠《たくみ》が出てくるんです。

青木　ほお。

井上　達人はしばしば、物件の床にビー玉を置くんです。転がっていくと、「あっ、シロアリがいるかもしれない、これは直したほうがいい」と。時には「こんなふうに床が少し傾いていると、三半規管に悪い影響を及ぼすかもしれない」という発言をなさる。それを私の知人、ベネチア人が見て怒ったんです。「ベネチアの建物は床にビー玉を置いたら必ず転がる。自分たちはみんな三半規管に異常があるのか」、と。

青木　余談ですが、奈良の山中に、ほとんど斜めの床でできた小学校を設計したことがあります。その設計中に、ある親御さんから、「こんな斜めの床だったら学力が落ちる」と言われました。

井上 （笑）

青木 どうしたものかと思って、アフォーダンス（アメリカの心理学者J・J・ギブソンの理論。物の形・色・材質等はそれ自体が特定の性格を有し、その物の使われ方を決めており、人間はその情報を識別することでその意味や価値を見出しているという考え方）の専門家に相談に行ったら、「斜めのほうが頭は活性化する」って。

井上 それはそうですよね。

青木 人間が垂直に立っているのは、どちらかに傾くのを絶え間なく補正し続ける微振動の状態であるというんです。そんな話をしたら、今度は逆に応援側に回ってくれました。

井上 そうですか。すごいな。体操の平均台みたいなところはもっと活性化するのかもしれませんね。

イタリアに戻りますが、私があの風景を麗しいと思う背景には、いやしい怨念があるかもしれません。私は若い頃、建築家になりたいと思った時期がありました。それを諦めた悔しさが、イタリアのような現代の建築家にあまり出番がない街を、いいなと思わせてしまっているのかもしれません。

青木 私は逆かな。日本のようにどんな建築でもできる国にいて、その結果たしかにひどい建築ばかりです。

しかしそのことによって自分たち建築家が自由に建築をつくらせてもらっているのだから、それを棚上げにして、まわりのカオティックな（混沌とした）都市環境を非難するのは失礼じゃん、ということがあるのかもしれません。でも建築家って、ヨーロッパで築かれた美意識で建物をつくることを求められるし、本人たちもそれが好きな人種なので、今でもどうも、建築家は苦手です。（苦笑）

井上 私だって、今はものを書いたりする人になっているんですが、何でこんなふうになってしまったんだろうと思うことはよくあります。みんな大なり小なり、自分で自分がわからないというような気持ちをどこかに抱えながらやっているんじゃないでしょうか。

青木 （笑）

コラム

築60年の建物に価値はない？

井上章一
2020年10月4日

神戸女学院の大学で、かつて私は授業をうけもった。非常勤講師として、西宮市の岡田山キャンパス（写真参照）へかよったことがある。そして、でかけるたび、感銘をあらたにした。美しい学園だな、と。

もとは、神戸市にあった大学である。1933年に新しい敷地をもとめ、今の場所へ移転した。校舎を設計し、配置計画をととのえたのは、W・M・ヴォーリズ（William Merrell Vories、1880〜1964年）である。

ひとつひとつの建物が、建築的にひいでているとは思わない。しかし、中庭をかこむ校舎群は調和がとれている。目に心地よい。やや古さびたたたずまいも、気持ちをなごませた。

私がここで講義をしたのは、もう20年以上前である。それでも、いまだにその光景は脳裏をよぎることがある。

この地所は更地にして、売りとばそう。そんな声が外からよせられたことも、かつてはあったという。増収の手だてに、ということであったらしい。財務の改善案をだすよう依頼されたシンクタンクが、土地の処分を提案したと聞く。

この案を知らされ、教授会は抵抗した。最後までうけいれずはねつけている。やはり、キャンパスの美観にたいしては、自負心をいだいていたのだろう。だが、シンクタンク側には、教授たちの反発にあきれる者もいた。女学院に当時つとめていた内田樹氏は、ヒアリングの席で、彼らからこう言われたという。

神戸女学院大学の中庭　©神戸女学院大学

「こんな築六十年の建物なんか、維持管理するだけ、ドブに金を捨てるようなものですよ」

（林真理子、内田樹『「才色兼備」が育つ神戸女学院の教え』中公新書ラクレ、2016年）

1933年竣工の校舎が「築60年」をむかえたころに、売却案はとりざたされた。だとすれば、事態がもめたのも1990年代、20世紀末であったことになる。ちょうど、私が女学院へでむいていたころである。あの瀟洒《しょうしゃ》な場所で、私が知らないあいだにそんな暗闘があったのかと、感じいる。

周知のように、建物の値打ちは寿命が短い。土地には値上がりの可能性がある。だが、上物の値段は時間の経過とともに低下する。税額の査定で、建物の減価償却が50年をこえてみとめられることは、まずない。「築60年の建物」を維持しつづけるのは、おろかである。シンクタンク側のそんな見解も現代の日本では理にかなうと言うしかない。

いっぽう、ヨーロッパへいけば、築100年をこえる建物が、いっぱいある。フィレンツェやベネチアあたりでは、数百年前の建物が街をうめつくす。あちらの減価償却は、対談2でものべたが、どうなっているのだろう。日本のエコノミストは、こういう街を、どう評価するのか。イタリアへいくたびに、そう考えこまされる。

いくら姿形《すがたかたち》が美しくても、古くなった建物をたもたせる意味はない。それは、メインテナンスの費用だけがかかる不良資産となる。すぐに、新しくたてかえたほうがいい。こうした経済風土のもとに、日本ではスクラップ・アンド・ビルドがくりかえされてきた。たててはこわし、こわしてはたてることが常態となっている。

日本は建築文化をうやまってこなかったと、かみしめる。だが、そのぶん建設の機会は多くなる。建築家も、イタリアあたりとくらべれば、仕事の数ではめぐまれてきた。その土壌が日本の建築家をはぐくみ、世界へはばたかせているのだと考える。建築をあなどる社会が、建築家をそだててきたのだ、と。

いずれにせよ、この日本で女学院は「築60年」の建物を、まもってきた。いや、2020年には築87年となる施設を、つかいつづけている。奇特なことである。いつまでも、がんばってほしい。

あとがき——建築家の世界から遠く離れて

井上章一

世界の建築と言われて、人は何を想いうかべるだろうか。あてずっぽうで書くけれども、以下のようなラインナップになりそうな気がする。

ホワイトハウス（アメリカ）
万里の長城（中国）
タージマハル（インド）
エッフェル塔（フランス）

これらは、テレビの海外ロケ番組で、ひんぱんにとりあげられてきた。教科書や学習参考書にも、よく写真が掲載されている。海外旅行のパンフレットでも、それらの映像はなじまれてきた。

まあ、紫禁城《しきんじょう》やバチカンの宮殿だってはずせないという声も、ありえよう。マチュピチュの遺跡はどうした。ピラミッドだって、国際的な名声を勝ちとっている。そんな注文も聞こえてきそうな気がする。

こういうリストの完成度に、しかし私がこだわっているわけではない。ただ、建築と言われて、いっぱんに脳裏へよぎりそうなものを列挙したかっただけである。アンコール・ワットをおぎないたい。ハギア・ソフィアを追加するべきだ……。以上のような御指摘は、読者の側でつづけてくだされればさいわいである。

さて、私は1970年代に、建築学科の学生となった。勉強をしていくうちに、今のべたラインナップは、後景へしりぞきだす。そして、ほとんど想いうかべなくなった。かわって、つぎのような建築家たちの作品群が、脳裏を占拠するようになっていく。

アルド・ロッシ
ハンス・ホライン
ピーター・アイゼンマン

ロバート・ベンチューリ

磯崎新

1970年代に建築をまなびだした学生の、これは平均的なリストだと思う。私だけにかぎった風変わりなものではない。

一般の読者には、なんのことだかわからないだろう。かりにミラノで、ガララテーゼの集合住宅を見ても、感銘はうけないと思う。アルド・ロッシの代表作だが、重苦し気なアパートだなと感じるぐらいではないか。

私じしん、ああいうものに魅了されたかつての自分を、不可解に思う。どうして、熱をあげたのか、まったくわからない。建築の若い学生をおそう、一過性の麻疹《はしか》みたいなものだったのだろうか。今はタージマハルをきれいだなと感じる凡人に、もどっている。

21世紀を生きる現在の建築学生にも、あこがれの建築家たちはいるだろう。国の内外を問わず、彼らなりのアンテナをはっているにちがいない。しかし、エッフェル塔にときめくような感受性とは、袂《たもと》をわかっていそうな気がする。

なに、エッフェル塔だって。見くびらないでほしいな。あんなの、ただの観光名所じゃあないか。自分たちは世界の最尖端へ目をむけながら、建築観をみがいている。ツアー旅行の団体さんあたりとは、いっしょにしないでほしい。そう言いかえされるだろうか。

彼らのこころざす最尖端の実情を、私はよく知らない。私の若かったころとは、時代がちがう。建築界の国際的な舞台でかがやくスターの顔触れも、様がわりをしていよう。だが、タージマハルや万里の長城をあなどって見せる構えは、かわるまい。かつての私が、そうであったように。

さて、青木淳さんは、建築界の今をになう俊英のひとりである。そのリーディング・アーキテクトと、私はこの本で都市や建築を語りあった。かたほうは、とんがった建築の世界を生きている。もういっぽうは、タージマハルにうっとりする凡人である。住む場所のちがうふたりがむきあった一冊だと言うしかない。

ただ、私は尖鋭的な建築の世界を、若いころにかいま見たことがある。はやくにそこからしりぞいたので、大きなことは言えない。だが、その世界特有の思考法は記憶のなかに、おぼろげながらのこっている。私じしんは脱却したけれども、想いだせる部分がなくもない。

建築家たちのつきぬけた考え方を、社会へむけて翻訳する。万里の長城やエッフェル塔ぐらいしか想いつけない人たちに、わかりやすくときほぐす。そんなコミュニケーターの役まわりは、自分にむいている。いつのころからか、ひそかにそう思ってきた。

青木さんと往復書簡のような形で都市にかかわる随筆の連載を書いてみないか。そう私に声をかけてくれたのは、読売新聞におられた前田恭二さんである。今のべたような私の資質を、どこかで感じとっておられたのだろうか。ありがたいお申し出だと、ひきうけさせていただいた。この本では3章にその部分をおさめている。

連載を読んで興味をもってくれたのだろう。こんどは中央公論新社の黒田剛史さんが対談の企画をもってきてくれた。現代建築の解説者たらんとする私にはうれしい話である。このお申し出も、快諾させていただいた。

対談をおえ、あらためて痛感したことを書く。青木さんは、尖鋭的な建築畑の人だが、実務もてがけている。クライアントとの折衝、行政とのかけひきも、こなしてきた。建築と言えばエッフェル塔あたりしか想いつかない人たちとも、交渉をへてきている。御当人のお言葉をかりれば「方便」できりぬける技も、じゅうぶん心得ておられた。

そんな青木さんに、私はタージマハルをこそ良しとする考え方で、せまっている。そして、ていねいにこたえていただくことができた。その点では、あやぶむ気持ちがなくもない。青木さんを、高雅な建築世界からひきずりおろしてしまったのではないか。私は、けっきょくコミユニケーターたりえていないのかもしれない、と。

そんなこと、どうでもいいよ。話はおもしろかったから、気にするな。と、そう言ってくださる読者を、私はどこかであてにしている。やはりアルド・ロッシなどからは、遠くへだたったところへきてしまったようである。

余談だが、私のつとめ先は京都市の西京区《にしきょう》区にある。その西京区と名称が対になる行政区は、東山区《ひがしやま》である。そして、この東山区は1929年に、上京区《かみぎょう》からわかれて成立した。なお、西京区ができたのは1976年である。こちらは、右京区から独立してなりたった。

東山区は、東山三十六峰へつらなる立地ゆえに、えらばれた名称であろう。しかし、東《ひがし》京《きょう》区とする手がなかったわけではない。上京区から分離したわけだから、同じように京の字をそえる選択肢もありえたと思う。じっさい、後発の西京区も京の字をともない、名づけられた。京都市内の事情だけを考えれば、東京区となってもよかったような気がする。だが、東京区の名はさけられた。1929年の新しい区名は、東山区にされている。これが、もし東京区になっていたら……。

現存する警察や消防の東山署は、東京署になっていただろう。東山女子学園は東京女子学園を名のっていたかもしれない。その表記では、首都東京の類似施設と、区別がしづらくなる。また、東京《ひがし》は東京《とう》と発音される可能性もある。混乱がおこることも、じゅうぶん予想される。東京区案が浮上しなかったのも、あやしむにはあたらない。

そう、京都市はそれだけ東京に配慮をした。いや、気をつかった相手は、国内の東京だけにかぎらない。京都市には北区、そして南区という行政区もある。どちらも、北京区、南京区にはしていない。中国にある北京市や南京市のことを、おもんぱかったのだろう。

東京が東京、つまり東側の京《みやこ》という表記を採用したのは、1868年からである。旧都への遠慮がにじむ名前だと言える。事実上の京《みやこ》となっても、自分たちの名は東の京であるにとどめておく。京都の名は、京《みやこ》のなかの都《みやこ》を意味するが、京の座をうばわれた旧都に、そのまま維持させた。お前たちは、これから山城市に名をかえろと、命じてもいない。

ただ、ベトナムの東京《トンキン》については、考えがおよばなかったようである。明治維新のころ河内《ハノイ》は、しばしば東京とよばれていた。今でも、たとえばトンキン湾の名がのこっている。そちらと名前がかさなることは、気にとめなかったと言うしかない。維新のどさくさで、それどころではなかったのだろう。

こういう話をすると、しばしば東京の人は狐につままれたような表情を見せる。都市名の由来にはにぶい人が多いのだろうか。2章の対談でもふれたが、西東京市というおかしな名前も、ふつうにうけいれられている。失礼な言い方だが、やはり鈍感なのだろう。

京都市の東端には、山科《やましな》区という行政区がある。東の端なので、京都の企業はそちらの仕事場に、東京都の名をそえやすい。東京都営業所、東京都出張所というように。もちろん、東《ひがし》京都と読む。東京都《とう》ではない。

これを、しかし他地方の人は東京都《とう》と、よく読みまちがう。東京からきた人のなかには、まぎらわしいと不快がる御仁もいらっしゃる。せっかく、旧都に京都の名をゆずったのだから、それぐらいはしんぼうしてほしい。京都側だって、東京区の名をさけるていどの配慮はしめしたのである。山科区の東京都営業所にも、笑ってうけながせる度量がほしい。

私じしん、東京の港区で東京都済生会中央病院を見て、不意をつかれたことがある。ん、東《ひがし》京都済生会……? ああ、ちがう。これは東京都《とう》だ。そう考えをめぐらせ、かんちがいをした自分に笑ってしまった。

こういうことには、おたがいがたのしめるようでありたいものである。

2021年10月

初出一覧

1章　月刊『中央公論』2021年6月号
3章　『読売新聞』2020年4月5日〜9月20日　第1・3・5週日曜掲載
コラム　読売新聞オンライン　2020年10月4日
その他は書き下ろし、語り下ろしです。

図表作成・本文ＤＴＰ／市川真樹子

ラクレとは…la clef=フランス語で「鍵」の意味です。
情報が氾濫するいま、時代を読み解き指針を示す
「知識の鍵」を提供します。

中公新書ラクレ
751

イケズな東京《とうきょう》

150年《ねん》の良《よ》い遺産《レガシー》、ダメな遺産《レガシー》

2022年１月10日発行

著者……井上《いのうえ》 章一《しょういち》　青木《あおき》 淳《じゅん》

発行者……松田陽三
発行所……中央公論新社
〒100-8152 東京都千代田区大手町 1-7-1
電話……販売 03-5299-1730　編集 03-5299-1870
URL http://www.chuko.co.jp/

本文印刷……三晃印刷
カバー印刷……大熊整美堂
製本……小泉製本

Published by CHUOKORON-SHINSHA, INC.
Printed in Japan ISBN978-4-12-150751-8 C1236

中公新書ラクレ　好評既刊

L659 東京懐かし写真帖

秋山武雄 著
読売新聞都内版編集室 編

十五歳でカメラを手にしてから、七十年近く、家業の洋食店の仕込みが始まる前の早朝、自転車で都内あちこちに出かけ撮りためたネガは数万枚にのぼる。下町の街角や庶民の日常を切りとった写真は、図らずも戦後復興、東京の変貌の記録となった。選び抜いた写真と江戸っ子の洒脱な語りで、懐かしいあの時代にタイムスリップ。「平成」が幕を下ろし、二度目の東京五輪を迎えた令和の時代、ノスタルジーに浸ることのできる、格好の一冊。

L726 東京を捨てる
――コロナ移住のリアル

澤田晃宏 著

コロナ下で地方移住への関心が高まっている。コロナ流行後に東京から兵庫県淡路島に移住した著者が、コロナ移住者や移住支援機関、人気自治体を訪ね歩き、コロナ下の人の動きを徹底取材。注目を集める地域おこし協力隊や新規就農の実態もレポートする。田舎の生活費や補助金情報、空き家の探し方から中古車の選び方まで、地方移住に関する実用的な情報を網羅し、ガイドブックとしても読める1冊だ。

L741 東京23区×格差と階級

橋本健二 著

田園調布や六本木ヒルズ、山谷地区やシャッター通り、ホームレスが住む公園まで。東京23区内をほんの数キロ歩くだけで、その格差の宇宙が体感できてしまう。東京は、世界的にみて、もっとも豊かな人々と、もっとも貧しい人々が住む都市だ。そんな階級都市としての性格を強める23区の姿を明らかにし、そこに潜む危うさをいかに克服するかを探る。発売以来、増刷を重ねる話題作。